O Estado Federal

Dalmo de Abreu Dallari

O Estado Federal

2ª edição
2019

ISBN 978-85-536-1244-4

DADOS INTERNACIONAIS DE CATALOGAÇÃO NA PUBLICAÇÃO (CIP)
ANGÉLICA ILACQUA CRB-8/7057

Dallari, Dalmo de Abreu
　　O Estado Federal / Dalmo de Abreu Dallari. – 2. ed. – São Paulo : Saraiva Educação, 2019.

1. Federalismo 2. Federalismo - História I. Título.

18-0607　　　　　　　　　　　　　　　　　　CDU 321.02

Índice para catálogo sistemático:
1. Federalismo　　　　　　　　　　　　　　321.02

saraiva EDUCAÇÃO | **saraiva**

Av. Doutora Ruth Cardoso, 7.221, 1º andar, Setor B
Pinheiros – São Paulo – SP – CEP 05425-902

SAC | sac.sets@somoseducacao.com.br

Direção executiva	Flávia Alves Bravin
Direção editorial	Renata Pascual Müller
Gerência editorial	Roberto Navarro
Gerência de produção e planejamento	Ana Paula Santos Matos
Gerência de projetos e serviços editoriais	Fernando Penteado
Consultoria acadêmica	Murilo Angeli Dias dos Santos
Planejamento	Clarissa Boraschi Maria (coord.)
Novos projetos	Melissa Rodriguez Arnal da Silva Leite
Edição	Eveline Gonçalves Denardi (coord.) Deborah Caetano de Freitas Viadana
Produção editorial	Rosana Peroni Fazolari
Arte e digital	Mônica Landi (coord.) Amanda Mota Loyola Camilla Felix Cianelli Chaves Claudirene de Moura Santos Silva Deborah Mattos Fernanda Matajs Guilherme H. M. Salvador Tiago Dela Rosa
Projetos e serviços editoriais	Juliana Bojczuk Fermino Kelli Priscila Pinto Marília Cordeiro Mônica Gonçalves Dias Tatiana dos Santos Romão
Projeto gráfico e diagramação	Fernanda Matajs
Revisão	Ivani A. Martins Cazarin Ivone Rufino
Capa	Tiago Dela Rosa
Produção gráfica	Marli Rampim Sergio Luiz Pereira Lopes
Impressão e acabamento	Gráfica Paym

Data de fechamento da edição: 17-6-2019

Dúvidas? Acesse www.editorasaraiva.com.br/direito

Nenhuma parte desta publicação poderá ser reproduzida por qualquer meio ou forma sem a prévia autorização da Editora Saraiva. A violação dos direitos autorais é crime estabelecido na Lei n. 9.610/98 e punido pelo art. 184 do Código Penal.

CL 605079　　CAE 627703

Sumário

CAPÍTULO 1
O Estado Federal: criação norte-americana............ 11

CAPÍTULO 2
A Declaração de Independência das colônias inglesas... 13

CAPÍTULO 3
A Confederação dos novos Estados 15

CAPÍTULO 4
A criação do Estado Federal........................ 19

CAPÍTULO 5
Características do Estado Federal................... 21
    A Constituição como base jurídica 21

Nascimento de um novo Estado 21
Proibição de secessão 22
Soberania da União e autonomia dos Estados-membros 23
Competências próprias e exclusivas 24
Autonomia financeira da União e dos Estados 26
Desconcentração do poder político 28
Nascimento de nova cidadania 30

CAPÍTULO 6
Governo republicano 33

CAPÍTULO 7
Separação de poderes 37
Fundamentos da separação de poderes 37
Poder Legislativo, federal e nacional 39
Executivo presidencial 40
O Poder Judiciário 43
Maquiavel: inspiração ou coincidência? 45

CAPÍTULO 8
Federalismo dinâmico 49
Federalismo dual e Estado não intervencionista 49
Federalismo cooperativo e Estado intervencionista ... 53

CAPÍTULO 9
Paradoxos e imperfeições da fórmula federativa 59
Ambiguidade do federalismo 59
Comunidades marginais da aliança federativa 70

CAPÍTULO 10
O federalismo e os Estados europeus 77
    Adesões ao federalismo por Estados europeus 77
    Resistências ao federalismo em alguns Estados europeus:
    os casos da Bélgica, Espanha e França 83

CAPÍTULO 11
Estado Federal: democracia ou aliança de oligarquias? .. 91
    Descentralizar ou desconcentrar 93
    Momentos de superioridade federal 94
    Supremacia através dos partidos 96
    Democracia ou aliança de oligarquias. 98

CAPÍTULO 12
Conclusão 103

CAPÍTULO 13
Vocabulário crítico 105

CAPÍTULO 14
Bibliografia comentada 109
    Teoria geral do federalismo 109
    O federalismo nos Estados Unidos da América 114
    Estudos sobre federalismo no Brasil 116
        Periódicos 117

Um dos mais urgentes problemas do mundo de hoje é preservar as diversidades, tanto onde vale a pena preservá-las por si mesmas como onde elas não podem ser erradicadas, mesmo que não sejam desejáveis, e ao mesmo tempo introduzir medidas de unificação que previnam conflitos e facilitem a cooperação. O federalismo é um meio para conciliar esses dois objetivos.

K. C. WHEARE

CAPÍTULO 1

O Estado Federal: criação norte-americana

O Estado Federal é uma criação do século XVIII. Embora o termo *federalismo* seja empregado muitas vezes em sentido genérico e impreciso para significar qualquer "aliança de Estados", tecnicamente *Estado Federal* corresponde a determinada forma de Estado, criada pelos norte-americanos no final do século XVIII. As federações que alguns autores pretendem ver na Antiguidade, na Idade Média ou nos primeiros séculos da Era Moderna, foram apenas alianças temporárias, com objetivos limitados, não chegando à submissão total e permanente dos aliados a uma Constituição comum, sob um governo composto por todos e com autoridade plena, máxima e irrecusável sobre todos.

A fixação do nascimento do Estado Federal nas últimas décadas do século XVIII, na América do Norte, é um ponto fundamental para a compreensão de suas características, de seus objetivos, de seu funcionamento e de sua evolução. Na realidade, o Estado Federal refletiu, no momento de sua criação, as ideias predominantes entre os líderes das colônias inglesas da América, com as adaptações exigidas para a conciliação de divergências e para o atendimento de circunstâncias de ordem prática.

Assim, pois, é indispensável, para conhecimento do federalismo, que sejam considerados alguns aspectos da situação política e jurídica em que se encontravam aquelas colônias inglesas na segunda metade do século XVIII, bem como as opiniões dos líderes que exerceram maior influência nos momentos de declaração de independência das colônias e de constituição do novo Estado.

CAPÍTULO 2

A Declaração de Independência das colônias inglesas

O documento fundamental para conhecimento dos motivos que levaram as colônias inglesas da América a romperem o vínculo de dependência política é a própria Declaração de Independência.

Nesse extraordinário documento, de autoria de Thomas Jefferson, assinala-se que há momentos em que se torna necessário um povo dissolver os laços políticos que o ligam a outro e assumir, entre os povos da Terra, posição igual e separada. Esse rompimento tem por base as leis de Deus e da natureza, pois ninguém pode ser obrigado a permanecer numa situação de constante afronta à sua dignidade.

As relações entre a Inglaterra e suas colônias americanas haviam chegado a um ponto insustentável, tais os abusos e usurpações que os habitantes das colônias vinham sofrendo. A própria Declaração de Independência dá notícia de que os americanos haviam advertido os britânicos de que não iriam mais tolerar aquela situação, recebendo em resposta maiores agravos, em lugar do respeito aos seus direitos que consideravam naturais, porque decorriam "das leis de Deus e da natureza".

Assim foi que, no ano de 1776, as treze colônias firmaram e publicaram um documento, declarando solenemente que passavam a ser Estados livres e independentes, ficando desoneradas de qualquer vassalagem para com a Coroa britânica, assumindo o direito de praticar todos os atos geralmente reconhecidos como direitos de todos os Estados independentes.

A partir desse momento as antigas colônias assumiam a condição jurídica de Estados, regendo-se por suas próprias leis, podendo decidir sobre todos os assuntos de seu interesse e devendo resolver seus problemas com seus próprios meios.

CAPÍTULO 3

A Confederação dos novos Estados

Declarada a independência, era preciso estabelecer condições que assegurassem a possibilidade de uma vida independente, pois, além do problema de se defenderem da tentativa inglesa de anular a declaração de emancipação, havia dificuldades de ordem interna e os recursos financeiros eram deficientes.

Já em 1643 quatro colônias haviam decidido reunir seus esforços, ao celebrar um acordo criando a Confederação da Nova Inglaterra. E desde 1754 vinha sendo discutida, num Congresso intercolonial, uma proposta de Benjamin Franklin, para que as colônias se unissem. Esses precedentes influenciaram para que se chegasse à Declaração de Independência e para que alguns anos depois, em 1781, fosse assinado um tratado, que se tornou conhecido como Artigos de Confederação. O Congresso intercolonial passou a denominar-se *Os Estados Unidos Reunidos em Congresso*, evoluindo depois para *Estados Unidos da América*.

É importante assinalar que, ao se declararem independentes, as antigas colônias converteram-se em Estados e adquiriram soberania, assumindo a competência para a decisão de todos os assuntos, de ordem interna e externa, que lhes dissessem respeito. Os Artigos de Confederação não reduziram aquela soberania, pois estavam inseridos num tratado, que é um acordo entre Estados e que pode ser desfeito a qualquer momento, podendo também ocorrer que apenas um ou alguns dos signatários se retirem, mantendo-se o ajuste entre os demais participantes. Tal circunstância foi claramente proclamada no tratado de Confederação, cujo artigo 2º dispunha o seguinte: "Cada Estado reterá sua soberania, liberdade e independência, e cada poder, jurisdição e direitos, que não sejam delegados expressamente por esta Confederação para os Estados Unidos, reunidos em Congresso".

O reconhecimento de que haveria necessidade de tomar decisões em comum foi o que levou os integrantes do tratado à conclusão de que era indispensável delegar alguns poderes ao Congresso, mas ficou bem claro que só se considerariam objeto de delegação os poderes que fossem expressamente referidos. Além disso, porque preservavam a soberania, os Estados poderiam revogar, a qualquer momento, a delegação de qualquer dos poderes que tivessem cedido.

Tudo isso tornava, de certo modo, muito frágil aquela união de Estados, pois havia sempre o risco de que alguns integrantes se retirassem. A par disso, era difícil a obtenção de meios para as ações conjuntas, uma vez que cada um se mantinha soberano e não havia como obrigar um dos signatários do tratado a fornecer recursos para o atendimento de alguma emergência. A conclusão a que chegaram os líderes, por esses e outros motivos, foi que a Confederação era insuficiente para assegurar a união permanente dos Estados e para dar a essa união os meios de que ela necessitava. Era preciso aperfeiçoar a Confederação.

CAPÍTULO 4

A criação do Estado Federal

Com o objetivo de aperfeiçoar os Artigos de Confederação, os Estados integrantes do tratado reuniram-se em Convenção na cidade de Filadélfia, em maio de 1787, deixando de comparecer o representante de Rhode Island. Desde logo se definiram duas correntes de opinião entre os representantes dos Estados. De um lado estavam os que pretendiam que se fizesse apenas a revisão dos Artigos de Confederação, tornando mais precisas as obrigações dos Estados mas sem afetar sua soberania. De outro lado estavam os adeptos da transformação da Confederação em Federação, propondo que todos os Estados adotassem uma Constituição comum e se submetessem, para determinados assuntos, a um governo central, que teria suas atribuições definidas na própria Constituição e, para desempenhá-las, teria suas próprias fontes de recursos financeiros, sem depender de requisições ou de contribuições voluntárias dos Estados.

O resultado dessa disputa foi a adoção da forma federativa, criando-se o Estado Federal, preso a uma série de princípios e a um mecanismo de governo que sintetizavam as aspirações fundamentais das diferentes correntes de opinião.

Na base da Constituição que foi adotada está a crença nos direitos naturais do indivíduo, o que determinou a criação de uma forma de Estado e de governo que impedisse a concentração do poder nas mãos de um indivíduo ou de um pequeno grupo. As ideias antiabsolutistas de Locke, assim como as recomendações para a contenção do poder, feitas por Montesquieu, exerceram grande influência sobre os participantes da Convenção de Filadélfia, os quais, na realidade, foram muito além do objetivo inicial de aperfeiçoar a Confederação e criaram o Estado Federal.

CAPÍTULO 5

Características do Estado Federal

A Constituição como base jurídica

A diferença fundamental entre a união de Estados numa confederação ou numa federação está na base jurídica. Na confederação os integrantes se acham ligados por um tratado, do qual podem desligar-se a qualquer momento, uma vez que os signatários do tratado conservam sua soberania e só delegam os poderes que quiserem e enquanto quiserem. Bem diferente é a situação numa federação, pois aqui os Estados que a integram aceitam uma Constituição comum e, como regra, não podem deixar de obedecer a essa Constituição e só têm os poderes que ela lhes assegura.

Nascimento de um novo Estado

Quando celebram uma aliança e decidem constituir uma federação ou quando aderem a uma federação já constituída, os Estados perdem a condição de Estados e passam a ser partes integrantes do Estado Federal. Por esse motivo Giorgio Del Vecchio chamou essa integração numa federação um "suicídio de Estados".

Ao se constituir o Estado Federal norte-americano, esse ponto foi bastante discutido, pois algumas das antigas colônias temiam que sua incorporação no Estado que se pretendia criar significasse a volta a uma situação de submissão. Tendo conquistado a independência, não queriam perdê-la e sustentavam que não haveria qualquer vantagem em se livrarem do dominador inglês para se sujeitarem a um dominador americano.

Para contornar essa resistência e por mero artifício político, foi concedido que os integrantes da federação mantivessem o nome de Estados e adotassem sua própria Constituição, a qual, entretanto, não poderia contrariar a Constituição Federal. Na realidade, porém, ao aceitarem a Constituição comum, eles deixaram de ser Estados e deram nascimento a um novo Estado. Isso não ocorre quando, através de um tratado, dois ou mais Estados compõem uma confederação, pois nesse caso não surge um novo Estado e os integrantes continuam mantendo sua condição de verdadeiros Estados.

Proibição de secessão

A regra, no Estado Federal, é que as unidades federadas não podem desligar-se da federação, isto é, não se reconhece o direito de secessão. Foi exatamente o desejo de constituir uma aliança sólida e indissolúvel que levou à criação do Estado Federal, sendo lógico, portanto, o estabelecimento de uma regra constitucional proibindo os Estados de se retirarem de uma federação a que aderiram.

Há constituições de Estados Federais que não contêm uma proibição expressa, e a Constituição da União Soviética vai ainda mais longe, dispondo expressamente, no artigo 17, que a cada República federada é conservado o direito de sair livremente da União Soviética. Não houve até agora um só caso de saída de alguma República e o conjunto de circunstâncias, inclusive a extensão dos poderes do governo central, autoriza a conclusão de que a afirmação desse direito de retirada é simples artifício político.

A experiência norte-americana demonstrou o acerto da transformação da Confederação em Federação e a visão política dos que propuseram que se afirmasse a união como indissolúvel. Com efeito, por causa de uma série de divergências, em 1861 onze Estados decidiram deixar a federação, declarando formalmente a secessão e formando uma Confederação de Estados Americanos. Graças à existência do vínculo federativo, solidamente formalizado por uma Constituição, os demais integrantes da federação reagiram unidos, sustentando uma guerra civil que durou até 1865 e que terminou com a derrota dos adeptos da secessão e a consolidação da Federação norte-americana.

Soberania da União e autonomia dos Estados-membros

A decisão de ingressar numa federação é um ato de soberania que os Estados podem praticar, mas, quando isso ocorre, pode-se dizer que essa é a última decisão soberana do Estado. Realmente, a partir do ingresso na federação, a soberania pertence à União, e os federados, embora gozando de autonomia, ficam sujeitos ao que dispõe a Constituição federal, sendo obrigados a obedecer e cumprir, em relação a certos assuntos, as decisões do governo central.

Não é raro que em textos legais ou em trabalhos teóricos se fale na coexistência de duas soberanias, uma da União e outra dos Estados. Mas o próprio conceito de soberania como poder supremo, uno e indivisível elimina a hipótese dessa dualidade. O que se pode afirmar é que os Estados que passam a integrar uma federação *participam da soberania da União*, influindo sobre as decisões soberanas, pois estas são decisões do conjunto no qual eles se acham integrados.

Os membros de uma federação gozam de autonomia, que é poder de autogoverno, incluindo a possibilidade de escolher seus governantes e de agir por vontade própria em relação a muitos assuntos. Mas as decisões do poder autônomo devem ser tomadas dentro dos limites fixados na Constituição Federal e ficam sujeitas a controle de constitucionalidade por um órgão da União.

Competências próprias e exclusivas

No Estado Federal, as unidades federadas, comumente chamadas de *Estados-membros*, recebem diretamente da Constituição Federal suas competências. Essa distribuição constitucional de competências, que implica o reconhecimento de poderes e a atribuição de encargos, não depende de uma complementação por lei federal e não pode ser afetada por lei federal.

O problema das competências pode ser considerado o ponto central da organização federativa. É indispensável, antes de tudo, que a distribuição das competências entre a

União e os Estados seja feita na própria Constituição, para não haver o risco de que a perda ou a redução excessiva das autonomias rompa o equilíbrio federativo ou mesmo anule a federação, criando um Estado que, na realidade, seja unitário pela centralização do poder. É importante acentuar que no Estado Federal o que se tem é uma descentralização política e não apenas administrativa, isto é, existem múltiplos centros de decisão, cada um tendo exclusividade em relação a determinados assuntos, o que é muito mais do que a simples descentralização da execução.

Os seguintes pontos são fundamentais quando se trata do problema das competências:

1º) é indispensável que não se estabeleça a supremacia da União ou das unidades federadas, devendo-se procurar uma distribuição de competências equilibrada, que assegure a autonomia de cada centro de poder, sem prejudicar a eficiência de qualquer um deles. Nem as unidades federadas devem ser subordinadas à União, nem esta deve ser sujeita àquelas;

2º) como regra, à União são atribuídas competências para as matérias de interesse geral, que importam a todo o conjunto federativo, ficando com as unidades federadas os assuntos de interesse preponderantemente local ou que se supõe serão tratados com mais propriedade e eficiência se entregues ao poder local. Essa regra, fixada pelos federalistas do século XVIII, permite grande flexibilidade na distribuição das competências e exige mesmo uma interpretação dinâmica dos dispositivos constitucionais, pois com a modificação das condições de vida, com os progressos da ciência e da técnica e com a mudança da significação social de muitos fatos torna-se conveniente, ou até necessária, a transposição de certos assuntos de uma para outra esfera de competências;

3º) é conveniente que se faça a enumeração das competências na própria Constituição, para reduzir a possibilidade de conflito ou de dúvida, mas deve ser desde logo estabelecido a quem pertence a competência residual ou remanescente, isto é, quem tem o poder e a obrigação de cuidar dos assuntos não contidos na enumeração. Partindo do pressuposto de que os Estados, unidades federadas, entregaram à União uma parte de suas competências, quando decidiram criar o Estado Federal, a Constituição dos Estados Unidos da América continha implícita, desde o início, a regra segundo a qual tudo o que não foi transferido à União continua no âmbito da competência estadual. Essa regra foi tornada expressa pela 10ª Emenda à Constituição, posta em vigor em 1791.

Autonomia financeira da União e dos Estados

Não se pode perder de vista que a distribuição de competências significa uma atribuição de poderes e, ao mesmo tempo, de encargos, pois quem recebe a competência para determinado assunto é que deve legislar sobre ele e adotar as providências de que ele necessite no âmbito da administração pública, inclusive a criação e a manutenção de serviços. Maior número de competências pode significar mais poder político, mas significa também maiores encargos, mais responsabilidade.

Por esse motivo, é imprescindível que, ao ser feita a distribuição das competências, sejam distribuídas, em medida equivalente, as fontes de recursos financeiros, para que haja equilíbrio entre encargos e rendas. Não havendo tal equilíbrio, duas hipóteses podem ocorrer: ou a administração não consegue agir com eficiência, e necessidades fundamentais do povo deixam de ser atendidas ou recebem um atendimento insuficiente; ou o órgão encarregado do serviço solicita recursos financeiros de outra fonte, criando-se uma dependência financeira que acarreta, fatalmente, a dependência política.

Ao ser criado o Estado Federal, no século XVIII, uma das grandes preocupações era assegurar recursos suficientes à União. A Confederação norte-americana previa um sistema de quotas e requisições, partindo do pressuposto de que cada confederado contribuiria com uma parcela de dinheiro para o atendimento das necessidades que fossem surgindo. Tais necessidades eram quase que exclusivamente relacionadas com problemas de guerra, uma vez que a administração interna ficava inteiramente a cargo de cada Estado integrante da Confederação. Mas a experiência demonstrou que o sistema não era conveniente, pois nem sempre os Estados davam a contribuição solicitada ou a que se haviam comprometido.

Quando se criou o Estado Federal houve a preocupação de assegurar recursos próprios e permanentes à União, para que esta pudesse desempenhar com eficiência suas atribuições, que não se limitavam ao atendimento das emergências de guerra, mas incluíam também inúmeros serviços de interesse geral e permanente. Foi, então, reconhecida uma competência tributária própria para a União e para os Estados. Com o passar do tempo o problema financeiro mudou de característica, pois, além de ter competência exclusiva para cunhar moeda, a União ficou com o controle do sistema bancário e ampliou seu poder tributário, passando a ser dos Estados-membros o problema de obter recursos suficientes para o desempenho de suas atribuições.

O poder tributário estadual é, em princípio, bastante amplo, pois a Constituição só proibiu que os Estados recebam tributos sobre importação e exportação. Assim sendo, cada Estado cria seus próprios tributos, levando em conta suas respectivas características econômicas e as condições de vida de sua população. Embora muitas funções estaduais tenham passado para a União, com o tempo foi sendo demonstrada a insuficiência das rendas estaduais, que são provenientes, basicamente, de impostos sobre a renda dos cidadãos, sobre vendas e sobre o consumo. A União tem dado auxílio financeiro a Estados em situação de emergência, mas a base das rendas estaduais continua sendo os próprios tributos estaduais, havendo também o recurso a empréstimos públicos para a execução de obras ou serviços especiais.

Desconcentração do poder político

Uma característica importante para que se compreenda o sentido inovador e o alcance do federalismo é a desconcentração do poder político, que é muito mais do que a simples descentralização administrativa, a qual também pode ocorrer num Estado Unitário.

Quando se propôs que as antigas colônias britânicas se unissem numa federação, dotada de um poder político central, isso despertou reações contrárias, pois muitos não percebiam que diferença podia haver entre a antiga subordinação a um poder central inglês e uma subordinação a um poder central americano. Coube sobretudo a Hamilton, Jay e Madison, três dos principais criadores do Estado Federal, através de artigos assinados com o pseudônimo *Publius* e pouco depois reunidos em livro, com título *O federalista*, demonstrar que o federalismo representava a existência de duas esferas de poder político: uma federal, concentrada na União, e outra estadual, assegurando-se a cada Estado o poder de agir com autonomia, organizando seu próprio governo e escolhendo seus governantes, estabelecendo suas prioridades, tendo suas próprias fontes de renda, exercendo seu poder legislativo e, afinal, desempenhando as atribuições de sua competência sem nenhuma possibilidade de interferência da União.

Para muitos autores esse é o verdadeiro ponto diferenciador do Estado Federal: a União e os Estados têm competências próprias e exclusivas, asseguradas pela Constituição. Nem a União é superior aos Estados, nem estes são superiores àquela. As tarefas de cada um são diferentes mas o poder político de ambos é equivalente.

Tendo autonomia política, os Estados têm sua vida política própria, havendo muitos partidos políticos de âmbito estadual e até municipal, devendo-se notar que a Constituição norte-americana não contém qualquer regra sobre partidos políticos, sendo ainda parcialmente estadual a legislação eleitoral. É oportuno assinalar que a organização municipal também não está prevista na Constituição dos Estados, ficando, portanto, no âmbito da competência legislativa estadual o estabelecimento de normas sobre a organização dos municípios, notando-se, em consequência, que essa organização é bastante diversificada, pois a única exigência é que sejam respeitados os princípios inerentes a um governo republicano.

É interessante observar que, no início, quando as antigas colônias haviam-se declarado independentes – transformando-se portanto em Estados e, como tais, dotados de soberania –, a proposta de criação de um Estado Federal, entregando-se à União o exercício da soberania, levou à conclusão de que os federalistas eram favoráveis à centralização do poder político. Mas, depois que a experiência demonstrou que a autonomia política dos Estados era uma realidade e não apenas uma ficção, houve uma inversão na consideração do assunto. Muitos Estados Unitários, que tinham, portanto, um poder político centralizado, adotaram a forma federativa, exatamente com o objetivo de promover a desconcentração do poder político.

Nascimento de nova cidadania

A ligação jurídica entre uma pessoa e determinado Estado é estabelecida através da cidadania. Com a declaração da independência das antigas colônias britânicas foram criados novos Estados e, concomitantemente, novas cidadanias, pois os antigos cidadãos britânicos residentes na América do Norte passaram a ser cidadãos de seus respectivos Estados. Esse ponto deu margem a muitas controvérsias no momento de criação dos Estados Unidos da América, pois muitos não queriam perder a cidadania que haviam conquistado com a independência. Para contornar os problemas políticos resultantes dessa resistência, a Constituição norte-americana estabeleceu apenas que os cidadãos de cada Estado teriam direito, nos demais Estados, a todos os privilégios e imunidades que estes concedessem aos seus próprios cidadãos. Desse modo ficava declarada a permanência da cidadania estadual, sem que se fizesse qualquer menção à nova cidadania que havia nascido com a criação do Estado Federal.

Mais tarde, entretanto, através da 5ª Emenda à Constituição, de 1868, ficou estabelecido que todas as pessoas nascidas ou naturalizadas nos Estados Unidos e sujeitas à sua jurisdição são cidadãs dos Estados Unidos e do Estado em que residem. Com isso ficou afirmada a existência de uma cidadania norte-americana, dispondo-se também, pela mesma Emenda, que nenhum Estado poderá fazer ou pôr em vigor qualquer lei que restrinja os privilégios e imunidades dos cidadãos dos Estados Unidos. E na afirmação da cidadania norte-americana estava implícita a obrigação de cumprir todas as leis dos Estados Unidos.

Como a autonomia dos Estados é ampla e é efetivamente respeitada, a existência de uma cidadania estadual, ao lado da cidadania federal, tem reflexos práticos. Assim, por exemplo, em matéria tributária ou na parte da matéria eleitoral que ainda lhe compete, cada Estado pode legislar para os seus cidadãos, só não podendo restringir-lhes os direitos nem isentá-los das obrigações que decorrem das leis dos Estados Unidos, pois estas se aplicam a todos que tiverem a cidadania norte-americana.

CAPÍTULO 6

Governo republicano

No século XVIII quase todos os governos do mundo eram monarquias, encabeçadas por um governante com poderes absolutos e que, frequentemente, abusava desses poderes para favorecer a si próprio, a seus familiares e a uma classe privilegiada e composta quase só de parasitas, a nobreza. O povo não tinha qualquer interferência na escolha dos governantes e era obrigado a suportar, com seu dinheiro e seus sacrifícios, as arbitrariedades e os caprichos do monarca, o luxo das cortes, a corrupção e a violência dos agentes públicos, sem ter qualquer segurança e recebendo pouco ou nada em troca de suas contribuições.

Contra esse estado de coisas e propondo a instauração de uma ordem mais justa, que assegurasse a todos o direito à liberdade e impedisse a existência de governos arbitrários, vários pensadores vinham escrevendo desde o século XVII. Revivendo as lições de Aristóteles a respeito da democracia ateniense, rejeitando o absolutismo dos monarcas e os privilégios da nobreza, autores como Locke, Montesquieu e Rousseau indicavam o caminho para a nova ordem, que podia ser sintetizada em duas palavras: democracia e república.

As colônias inglesas da América tinham motivos especiais para lutar por uma revolução. Com efeito, em meados do século XVIII já se encontra nessas colônias uma burguesia próspera e dinâmica, que não só tem condições para a autossuficiência econômica mas ainda é capaz de exportar vários produtos, podendo concorrer com a Inglaterra e fugir ao seu controle. E o rei inglês, George III, procura por todos os meios cercear a liberdade das colônias, impedindo ou dificultando a organização dos colonos, interferindo nas atividades econômicas, efetuando prisões arbitrárias, confiscando bens e impondo tributos exagerados, mantendo exércitos e navios de guerra nas colônias para intimidar e coagir os que quisessem reagir contra a tirania.

Entre os líderes das colônias havia homens cultos, que conheciam os pensadores liberais e tinham consciência de que só conquistariam sua dignidade quando se livrassem do monarca inglês e de seu aparato de coação. Por tais motivos, declarada a independência, todas as antigas colônias se qualificaram como *repúblicas independentes*, jamais se tendo cogitado de criar um rei ou uma nobreza nos Estados Unidos da América.

Para se ter ideia do quanto se detestava a monarquia e se aspirava pela república, basta conhecer um trecho de uma carta escrita por Thomas Jefferson, de Paris, em 2 de maio de 1788, endereçada a George Washington. Escreveu Jefferson:

Eu era inimigo ferrenho da monarquia antes de minha vinda à Europa. Sou dez mil vezes mais desde que vi o que elas são. Não há, dificilmente, um mal que se conheça nestes países, cuja origem não possa ser atribuída a seus reis, nem um bem que não derive das pequenas fibras de republicanismo existente entre elas. Posso acrescentar, com segurança, que não há, na Europa, cabeça coroada cujo talento ou cujos méritos lhe dessem direito a ser eleito, pelo povo, conselheiro de qualquer paróquia da América.

Esse era o pensamento dominante entre os americanos, como fica demonstrado também pelos artigos que compuseram *O federalista*. Em dois desses artigos, os de número 10 e 39, ambos escritos por Madison, encontra-se claramente definido o que se entendia por *governo republicano*, bem como a distinção que se fazia entre democracia e república. O governo republicano, segundo Madison, é aquele que deriva todos os seus poderes, direta ou indiretamente, de todo o povo e que é exercido por pessoas que conservam seus cargos à disposição do mesmo povo, ocupando-os durante um período limitado ou enquanto observarem bom comportamento.

É essencial que o governo derive do grande conjunto da sociedade para que ele seja verdadeiramente republicano, não tendo esta característica o que for originário de uma parte ou de uma classe determinada da sociedade. Por outro lado, não é necessário que o povo participe diretamente do governo, sendo suficiente a designação dos governantes pelo povo.

Referindo-se à democracia, Madison diz que considera "democracia pura" uma sociedade integrada por um reduzido número de cidadãos, que se reúnem e administram pessoalmente o governo, ao passo que república é uma forma de governo em que se usa o sistema da representação. E conclui que há duas grandes diferenças entre democracia e república: a primeira é que na democracia todos participam diretamente do governo, enquanto na república este é delegado a um pequeno número de cidadãos, eleitos pelos demais; a segunda diferença é que a democracia só se aplica a um pequeno número de pessoas, num território reduzido, ao passo que a república pode compreender um número maior de cidadãos e extensão territorial mais ampla.

Pode-se dizer que Madison se antecipou às modernas classificações, que distinguem entre democracia direta e democracia representativa. Democracia direta é aquela que, em sua linguagem, vem designada como democracia pura, e república, em sua concepção, corresponde ao que os modernos teóricos classificam como democracia representativa.

Assim, pois, pode-se concluir que, quando condenaram a monarquia, identificada então com o absolutismo, e defenderam com grande veemência a adoção da república, os criadores do novo Estado estavam incorporando ao federalismo a exigência da democracia. Um Estado Federal com um governo republicano: os criadores do Estado norte-americano sabiam claramente que desejavam isso e sabiam também por que o desejavam.

Depois disso a experiência de muitos povos mostrou que a Monarquia Constitucional é compatível com o federalismo e, além disso, pode ser tão boa ou má para a democracia quanto um sistema republicano. Mas a experiência que se tinha no século XVIII era a da Monarquia Absoluta, essencialmente antidemocrática como qualquer absolutismo.

CAPÍTULO 7

Separação de poderes

Fundamentos da separação de poderes

Os pensadores dos séculos XVII e XVIII que combateram o absolutismo estavam convencidos de que o governo nas mãos de um só ou de poucos é o começo da tirania. Embora sem um desenvolvimento sistemático, isso fora dito muito antes por Aristóteles, tendo sido repetido no século XIV por Marsílio de Pádua, no século XVI por Maquiavel e no século XVII por vários pensadores políticos, entre eles Locke e Gian Vincenzo Gravina, jurisconsulto italiano que exerceu grande influência sobre o pensamento de Montesquieu.

Coube, porém, a Montesquieu, em sua obra *Do espírito das leis*, publicada em 1748, desenvolver de modo sistemático uma doutrina da separação de poderes. E pelos artigos de *O federalista* pode-se perceber claramente, através das inúmeras citações e das ideias sustentadas, que os criadores do Estado norte-americano conheciam a obra de Montesquieu e procuraram nela a solução para muitos dos grandes problemas que enfrentavam para a constituição do novo Estado.

Num ponto havia concordância geral: não bastava dar ao povo a possibilidade de escolher os governantes, se estes acumulassem tamanho poder que pudessem desprezar depois a vontade do povo. E Montesquieu oferecia solução para esse problema propondo uma distribuição do poder entre vários ramos, de tal modo que nenhum pudesse agir com tirania. Por outro lado, era preciso não enfraquecer demais o poder dos governantes, para não reduzir a eficiência do governo e para não estimular a ambição de algum indivíduo ou grupo de indivíduos, que, não vendo a possibilidade de grande resistência, ficassem tentados a tomar o poder pela força. Era preciso, em última análise, um governo que fosse eficiente e que, ao mesmo tempo, protegesse e não pusesse em perigo as liberdades republicanas.

A solução encontrada, bastante influenciada pelo pensamento de Montesquieu, foi a separação de poderes, distribuindo-se as funções governamentais entre três ramos do governo, de tal modo que nenhum pudesse prevalecer sobre os demais e cada um se constituísse numa barreira para conter eventuais excessos de outro. Surgiu, assim, o chamado *sistema de freios e contrapesos* com um Legislativo, um Executivo e um Judiciário independentes entre si, com funções diversas e específicas exercidas por órgãos próprios, conjugando-se harmonicamente para consecução dos objetivos do governo.

Poder Legislativo, federal e nacional

O ponto de partida para a organização do governo foram algumas ideias fundamentais que vinham sendo amadurecidas desde séculos antes. Em 1324 Marsílio de Pádua já escrevera que "o povo é o primeiro legislador", cabendo ao príncipe executar as leis feitas pelo povo. Nessa mesma ordem de ideias a Revolução Inglesa, que se consumou nos anos de 1688 e 1689, afirmara a necessidade de que as leis fossem feitas pelo Parlamento, como representante do povo. Essa, portanto, foi uma ideia básica. O Poder Legislativo deveria caber, com exclusividade, a um órgão que reunisse representantes do povo, escolhidos pelo próprio povo.

A par disso, entretanto, surgiu uma discussão relacionada com a preocupação de assegurar a influência permanente dos Estados federados no Poder Legislativo da Federação. Em 1754 havia-se reunido pela primeira vez um Congresso intercolonial, para discutir e decidir sobre assuntos de interesse comum das colônias, tendo havido inúmeras outras reuniões posteriores, aparecendo o Congresso como órgão de expressão da vontade das colônias. Depois da Declaração de Independência, o Congresso passou a ter o caráter de local de reunião de embaixadores das antigas colônias.

Ao se organizar o governo do novo Estado norte-americano, muitos queriam que ele tivesse caráter *federal*, isto é, que fosse constituído por representantes dos novos Estados, reunidos em federação. Outros sustentavam que o governo deveria ter caráter *nacional*, ou seja, que fosse representante da nação norte-americana tomada em seu conjunto. De acordo com as ideias republicanas e democráticas, o povo é que deveria governar, devendo fazê-lo através de representantes, por motivos de ordem prática.

A conciliação dessas correntes se deu precisamente na formação do órgão do Poder Legislativo. Este foi totalmente entregue a um Congresso, respeitando a tradição, mas o Congresso foi composto de duas Casas: o Senado e a Câmara de Representantes. O Senado foi criado com a característica de ramo *federal*, como representante dos Estados-membros, estabelecendo-se que o Legislativo de cada Estado-membro elegeria dois representantes e que a cada dois anos se faria a renovação de um terço da representação. Em 1913 os Senadores passaram a ser eleitos diretamente pelo povo, por força de uma Emenda Constitucional, mantendo-se, entretanto, suas demais características e sobretudo suas competências, através das quais se verifica claramente que os Senadores têm a função primordial de assegurar a participação dos respectivos Estados nas decisões políticas do Governo.

Deu-se à Câmara de Representantes a condição de ramo *nacional*, representativo do povo, estabelecendo-se que o número de representantes originários de cada Estado será proporcional à população desse mesmo Estado. E desde o início se deu ao povo a atribuição de eleger os membros da Câmara de Representantes, dando-se a estes um mandato de apenas dois anos, para que a renovação frequente assegure maior representatividade.

O Poder Legislativo ficou sendo a expressão do "governo de muitos", correspondendo ao governo democrático da antiga classificação de Aristóteles.

Executivo presidencial

Embora detestando a monarquia e tendo já presente a experiência inglesa que fizera do Executivo um delegado do

Parlamento, os criadores do Estado norte-americano entregaram o poder Executivo a um só homem, o Presidente da República, indo mais longe ainda ao lhe assegurar o poder de desempenhar com independência suas funções, que são muito amplas, ficando sujeito a um controle político que lhe deixa grande liberdade de movimentos. E o Executivo tem usado com tal largueza seus poderes que alguns autores consideram o Presidente da República um verdadeiro "monarca eletivo".

Entretanto, no artigo 68 de *O federalista*, Hamilton observava que a maneira de escolher o Presidente da República foi, praticamente, a única parte importante daquele sistema de governo que não recebeu críticas de seus adversários, tendo mesmo recebido uma discreta manifestação de apoio.

Essa aprovação se pode atribuir ao fato de que o mecanismo de escolha do Presidente associa o povo e os Estados, reproduzindo, sob outra forma, a conjugação ocorrida na composição do Legislativo.

Por ocasião da eleição presidencial o povo de cada Estado-membro elege certo número de representantes, para o fim especial de comporem um colégio eleitoral que irá eleger o Presidente da República. Assim, o povo elege os eleitores e não o Presidente. O número de votos de cada Estado-membro é igual ao número de seus representantes no Senado e na Câmara de Representantes, dando-se a esses votos o nome de *votos eleitorais*.

Na origem se considerou excelente esse mecanismo, porque o número de votos eleitorais de cada Estado sendo proporcional à população, e assegurando-se ao povo o direito de escolher os eleitores, ficava garantido o caráter democrático da escolha. Além disso, foi assinalado que o fato de entregar a eleição do Presidente a um corpo eleitoral especialmente selecionado para isso asseguraria uma escolha mais criteriosa. Na prática, porém, o colégio eleitoral foi passando para plano secundário e em muitos Estados-membros o povo hoje vota no candidato presidencial sem saber os nomes daqueles que o partido registrou para comporem o colégio eleitoral. E, no entanto, por esse mecanismo, quando o eleitor comum vota no candidato à presidência apresentado por determinado partido, está votando, automaticamente, nos candidatos ao colégio eleitoral registrados por esse mesmo partido. Na realidade, portanto, os membros do colégio eleitoral pertencem ao mesmo partido do candidato à presidência, desaparecendo, assim, aquele argumento da escolha mais criteriosa.

É interessante assinalar também que o sistema de votos eleitorais passou a apresentar certo risco. Pelo sistema estabelecido, o partido que tiver a maioria dos votos populares num Estado-membro fica com a totalidade dos votos eleitorais desse Estado. Desse modo, um partido que vencer as eleições populares nos dez Estados mais populosos, ainda que seja pela vantagem de um voto em cada Estado, poderá perder no cômputo total dos votos populares e ainda assim elegerá o Presidente.

Segundo a Constituição, o Poder Executivo é exercido pelo Presidente da República. Embora o processo de escolha afaste, em princípio, a hipótese de um governo antidemocrático, tem-se nesse ramo do Poder a concretização do "governo de um só", segundo a classificação aristotélica.

O Poder Judiciário

Segundo a teoria dos freios e contrapesos, deveria existir um terceiro Poder, independente e neutro, para assegurar o equilíbrio do sistema. Observa Hamilton que o Legislativo teria o poder de fixar as regras que ditariam os direitos e deveres, além de dispor da bolsa ao dar a última palavra sobre o orçamento. O Executivo teria em suas mãos o Tesouro e a força militar. E o Judiciário não teria, conforme suas palavras, "força nem vontade, mas unicamente discernimento".

Mas a experiência demonstrou, já no início do século XIX, que a função de "guarda da Constituição", com a possibilidade de declarar inconstitucionais as decisões do Congresso e do Executivo, daria à Suprema Corte um papel de grande relevância no funcionamento do sistema. E o próprio Judiciário, sobretudo através de seu órgão máximo, que é a Suprema Corte, aumentou consideravelmente sua influência, agindo com verdadeira independência e dando grande dinamismo à sua função de intérprete das normas constitucionais.

Na obra clássica *A Suprema Corte e a Constituição*, escrita em 1912, Charles A. Beard já assinalava o tremendo poder político da Suprema Corte, podendo decidir em última instância sobre a validade constitucional das decisões tomadas pelo Congresso ou pelo Executivo em nome do povo. Em várias ocasiões posteriores, como, por exemplo, durante a implantação do *New Deal* de Franklin Roosevelt, durante os graves conflitos sobre os direitos civis na década de 1960, ou ainda quando se desencadeou o tempestuoso processo que levaria à renúncia do Presidente Nixon, a Suprema Corte exerceu um papel político de importância excepcional.

A composição da Suprema Corte e o processo de escolha de seus membros foram fixados tendo em vista os objetivos de independência e neutralidade concebidos no século XVIII. Não há exigência de uma qualificação especial para alguém ser juiz da Suprema Corte, podendo, legalmente, a escolha recair em pessoa que nem tenha feito um curso jurídico. Mas a Constituição dispõe que o Presidente da República nomeará os membros da Corte depois de obter aprovação do Senado, o que torna difícil nomear alguém sem qualificação moral e intelectual. Não existe limite de tempo ou de idade para o exercício da magistratura, dispondo a Constituição que o juiz permanecerá no cargo "enquanto bem servir", ou seja, a nomeação é vitalícia.

Um eminente constitucionalista americano contemporâneo, Bernard Schwartz, chama a atenção para um ponto muito significativo. Frequentemente os estudiosos de Direito Comparado ressaltam a grande independência do Poder Judiciário dos Estados Unidos e seu reflexo político-social. Mas, adverte Schwartz, isso na verdade só ocorre com a Suprema Corte, cuja existência e cujas competências estão fixadas na Constituição. Todos os demais juízes e tribunais dependem do Legislativo e mais de uma vez tiveram reduzidas sua competência e sua independência quando, no entender dos legisladores, estavam avançando demais.

É inegável, porém, que a Suprema Corte, composta de nove membros desde sua instituição, sem que haja disposição constitucional sobre isso, tem exercido um papel político de grande alcance. Isso foi bem evidenciado por Charles Beard, que assim manifestou sua discordância dessa atuação: "O controle da política do governo já não está, pois, nas mãos do povo, mas nas mãos de um grupo de homens não escolhidos pelo povo e gozando de vitaliciedade". Essas palavras são de 1912 e depois delas a Suprema Corte ampliou consideravelmente sua influência política.

Composta de nove membros vitalícios, escolhidos sem interferência do povo, a Suprema Corte é expressão do "governo de alguns", enquadrando-se na categoria de governo aristocrático, segundo a classificação de Aristóteles.

Maquiavel: inspiração ou coincidência?

Os criadores do sistema de governo norte-americano foram os que com melhor resultado prático aplicaram a teoria da separação de poderes. É importante observar, porém, que os bons resultados, sobretudo em termos de preservação da Constituição e equilíbrio entre os Poderes, impedindo o aparecimento de formas totalitárias de governo, se devem em grande parte ao mecanismo concebido.

O Poder Executivo, lembrando a monarquia ou o governo de um só, não pode avançar indefinidamente, porque a partir de certo ponto pode ser obstado pela Suprema Corte. E esta, que seria a expressão de um governo aristocrático, sofre também inúmeras limitações, dependendo dos demais poderes sob vários aspectos. O Legislativo, por sua vez, com seu grande número de membros, lembrando o governo de muitos de que fala Aristóteles, tem poderes amplos mas também é limitado de várias formas no seu relacionamento com os outros Poderes.

Aqui surge o pensamento de Maquiavel. Nos seus *Comentários sobre a primeira década de Tito Lívio*, Maquiavel lembra a classificação dos governos feita por Aristóteles, aceitando que as hipóteses irredutíveis são exatamente aquelas: o governo de um só, que tinha na monarquia o seu protótipo; o governo de alguns ou aristocracia; o governo de muitos ou democracia. Mas em sua opinião essas formas correspondem a diferentes momentos de um ciclo que se repete indefinidamente. Começa-se com um estado de desordem social e então aparece um salvador, que será o governante único. Este sofre as tentações do poder e degenera, obrigando o grupo mais responsável e mais capaz a assumir o governo, surgindo a aristocracia. Esta, depois de algum tempo, também se torna impura e cria privilégios para si. É então que o grande número exige participação no governo, que se torna democrático. Finalmente, a democracia também degenera e o resultado é a desordem social, que vai suscitar o aparecimento de um novo salvador, reiniciando-se o ciclo.

E com sua agudeza de espírito conclui Maquiavel que o ideal seria a conjugação daquelas três possibilidades, pois "numa Constituição em que coexistam a monarquia, a aristocracia e a democracia, cada um destes poderes vigia e impede os abusos dos outros" (*Comentários*, Liv. 1, Cap. 2).

Não há dúvida de que a Constituição dos Estados Unidos contém, em suas linhas fundamentais, a concretização do ideal proposto por Maquiavel. É possível que isso tenha ocorrido por simples coincidência, pois nos escritos dos pais da pátria americana há inúmeras referências a outros autores, não, porém, a Maquiavel. Por outro lado, é sabido que a Itália, no século XVIII, já atraía a atenção dos ingleses e dos americanos mais interessados em música, escultura e literatura, sendo bem pouco provável que entre os fundadores do Estado norte-americano ninguém conhecesse a obra do notável florentino. É preciso lembrar também que Maquiavel era, então, um autor "maldito", não sendo desprezível a ideia de que, embora conhecendo seus livros e aceitando muitas de suas proposições, evitassem citá-lo. Mas pode ser também que se trate de mera coincidência.

O fato é que a separação de poderes se constitui num dos fundamentos do Estado norte-americano e, pela forma como foi aplicada, conseguiu complementar adequadamente o federalismo e o ideal republicano, possibilitando a formação de governos eficientes sem dar possibilidade ao aparecimento de formas totalitárias. A criação do parlamentarismo, na Inglaterra do século XVIII, abriu a possibilidade de se buscar a democracia sem a separação formal dos poderes, fazendo do Executivo um prolongamento do Legislativo. E muitos sistemas republicanos presidenciais, criados posteriormente sob influência do exemplo norte-americano, estabeleceram formalmente a separação de poderes e, no entanto, não implantaram a democracia e propiciaram a ditadura.

CAPÍTULO 8

Federalismo dinâmico

Federalismo dual e Estado não intervencionista

O atual federalismo dos Estados Unidos da América mantém, basicamente, a fórmula criada no século XVIII. Isso pode parecer estranho, pois o Estado Federal norte-americano foi inventado em situação bem diversa da de hoje, bastando lembrar que a economia daquela época era predominantemente agrária, com todas as suas peculiaridades, sendo hoje a expressão mais avançada do industrialismo. O fato, entretanto, é que os Estados Unidos têm, até hoje, a mesma Constituição de 1787, com algumas emendas que não afetaram os pontos fundamentais da organização e do funcionamento. Será que se pode dizer, então, que o federalismo praticado agora nos Estados Unidos é o mesmo do século XVIII?

A primeira resposta a essas indagações está em William Douglas, uma das grandes figuras da Suprema Corte dos

Estados Unidos, num pequeno mas precioso livro em que ele, analisando as primeiras dez emendas à Constituição, que a ela incorporaram a Declaração de Direitos (conhecida como *Bill of Rights*), demonstra que se trata de uma lei "viva" *(Living Bill of Rights)*, cuja interpretação acompanhou as mudanças históricas e cuja proteção é buscada e obtida constantemente pelos estadunidenses.

Foi exatamente o que aconteceu com as disposições constitucionais relacionadas com a organização federativa e o respeito ao chamado *princípio federativo* na prática política. Algumas regras foram modificadas, como, por exemplo, a que determinava a eleição dos senadores pelos legislativos estaduais e que, desde 1913, foi substituída pela adoção da eleição direta pelo povo. Ao lado disso, muitas vezes foram suscitadas dúvidas, perante a Suprema Corte, quanto à correta interpretação de uma norma constitucional, para que se tivesse, numa visão autorizada e adequada às circunstâncias históricas, o reconhecimento ou a negação de competências ou o equilíbrio de poderes entre os governos estaduais e o federal. E assim foi sendo sempre atualizado o mecanismo federativo. Essa caminhada dinâmica do federalismo pode ser verificada através das opiniões de alguns dos seus principais teóricos nos Estados Unidos.

Antes de tudo é importante assinalar que a criação do Estado Federal foi a resposta, adequada e oportuna, a um desafio histórico: as antigas colônias inglesas, que haviam conquistado a independência em 1776, queriam viver como Estados livres mas reconheciam que, sem sua união, a liberdade estaria ameaçada. A união era reconhecida como necessária mas, ao mesmo tempo, era temida como impulso centralizador, que poderia representar justamente o fim da liberdade. Isso foi claramente expresso em carta escrita por James Madison, um dos pais do federalismo, a Edmund Randolph, Governador da Califórnia, no momento em que estava sendo procurada a nova fórmula: "Eu penso que a fusão dos Estados numa república unitária não é menos impraticável do que seria inadequada" (carta de 8 de abril de 1787, pouco anterior, portanto, à Convenção de Filadélfia, que decidiu pela criação do Estado Federal).

Poucos anos depois de implantada a Constituição federativa já houve a necessidade de tornar claro que a autonomia dos antigos Estados, que haviam aderido à Federação, deveria ser assegurada mas não confundida com a soberania de um verdadeiro Estado e deveria ser exercida nos limites da Constituição Federal. Com o objetivo de esclarecer esse ponto e de, implicitamente, consolidar o poder da União, foi aprovada a 11ª Emenda (as dez primeiras compõem a declaração de direitos conhecida como *Bill of Rights*), proposta em 1794 e posta em vigor em 1798. De acordo com esta emenda ficou estabelecido que o poder judiciário da União não compreendia a competência para julgar ações propostas contra qualquer dos Estados-membros. Mas, paralelamente, a Suprema Corte foi reiterando que seria possível recorrer a ela se o Tribunal Superior de algum dos Estados decidisse contrariando a Constituição Federal.

Desse modo, ficava reconhecida pela Suprema Corte a autonomia dos Estados mas, ao mesmo tempo, era afirmada a supremacia da Constituição, sendo esse um passo importante para a consolidação da organização federativa indissolúvel, reunindo múltiplos centros de poder político submissos a um conjunto de regras básicas, que todos se comprometiam a respeitar.

Em sentido oposto, desde antes mesmo de aprovada a Constituição, era patente o temor, revelado por vários líderes, de que a aceitação de um governo central acabasse acarretando a definição de uma hierarquia, colocando os governos estaduais em nível inferior. Adotando orientação que, em princípio, parece contraditória, a Suprema Corte admitiu, para esse efeito, a existência de duas soberanias, uma da União, outra dos Estados. Segundo observação de Edward Corwin em *American Constitutional History*, esse era um dos postulados básicos do federalismo definido nos primeiros anos após a criação: em suas respectivas esferas os dois centros de governo são soberanos e iguais. Assim se estabeleciam as características de um *federalismo dual*, sem interpenetrações e sem interferências recíprocas.

Em síntese, é afirmada a supremacia da Constituição, à qual o governo federal e os estaduais devem ser submissos. Mas, paralelamente, é reconhecida a independência recíproca dos governos, não havendo entre eles qualquer relação de subordinação.

Outra observação importante feita por Corwin, nessa mesma obra, é que a preocupação de evitar excesso de poderes estaduais, a fim de consolidar o poder da União, acabou estimulando o mundo dos negócios e o florescimento de grandes empresas, favorecidas por um *laissez-faire, laissez-passer* quase absoluto. Na segunda metade do século XIX a Suprema Corte negou competência aos Estados para a regulamentação de atividades econômicas, mas ao mesmo tempo a União se omitia nesse campo, provavelmente porque não havia recebido expressamente a competência para intervir. Em consequência, conclui Corwin, criou-se um "reino de não poder", uma "zona de penumbra", uma "terra de ninguém", em que as grandes empresas puderam agir livremente, fora de qualquer controle.

Desse modo, pode-se dizer que, no caso norte-americano, o federalismo foi uma das causas do estabelecimento do Estado rigorosamente não intervencionista, com todas as consequências dessa diretriz, o que demonstra, uma vez mais, que a opção pela forma centralizada ou federativa de Estado afeta pontos fundamentais da organização social, política e econômica de um povo, com possíveis repercussões sobre a vida de outros povos.

Federalismo cooperativo e Estado intervencionista

O século XX, que é, provavelmente, o ponto final de utilização dos modelos políticos definidos no século XVIII, iria registrar importantes mudanças nas características dos Estados Unidos da América, incluindo, obviamente, o mecanismo de funcionamento do federalismo norte-americano.

Já no final do século passado e início do atual verifica-se a adoção de uma nova atitude dos Estados Unidos nas relações internacionais, o que se acentua ainda mais depois de cada uma das guerras mundiais. Durante o século XIX é comum falar-se num isolamento americano, decorrente de uma busca de autossuficiência dos Estados Unidos, provavelmente inspirada no temor de que o relacionamento estreito com a Europa criasse o grave risco de gerar uma situação de dependência. Fora da Europa não havia desenvolvimento econômico e características culturais que parecessem oferecer algum proveito para a sociedade estadunidense e, por isso, não se cogitava de procurar relações com a Ásia, a África e a própria América Latina. As próprias riquezas dos impérios coloniais eram praticamente desprezadas, provavelmente porque se considerava encerrado o ciclo de empreendimentos colonialistas e também porque, até aquele momento, os Estados Unidos ainda guardavam a imagem de ex-colônia.

Tudo isso começaria a mudar no início do século XX. Tendo acumulado riqueza e procurado aplicá-la de modo reprodutivo, mas sem poder ou desejar competir com as potências europeias, os norte-americanos voltaram seus olhos para a América Latina, que apresentava enorme disponibilidade em terras inexploradas e que, com boas razões, se supunha que fossem férteis. Além disso, a pobreza dos povos, o deficiente preparo intelectual das elites, a proximidade geográfica e a inexistência de organizações militares poderosas, tudo isso fazia da América Latina um campo propício para a implantação de um colonialismo de nova espécie. Foi por esse caminho que se instaurou a "política das canhoneiras" e do *big stick*, que mudaria o alcance da chamada *doutrina Monroe*, que perdeu o sentido genericamente anticolonialista do enunciado "a América para os americanos" para significar, apenas, que os territórios americanos estavam fechados para novas aventuras colonialistas de europeus.

Mas o expansionismo econômico-militar dos Estados Unidos trouxe consequências graves. Uma delas foi a necessidade de fortalecimento do Poder Executivo federal, que assumiu novas tarefas no âmbito das relações internacionais e no da organização e utilização de forças militares, tendo, por isso, a necessidade de mais recursos.

Depois da Primeira Guerra Mundial o mundo enfrentou um período de transformações e instabilidade econômica, chegando, então, à grande crise de 1929, que afetou gravemente os Estados Unidos. Isso determinou a redefinição do papel do governo estadunidense e levou, na década de 1930, à criação de uma nova política, o *New Deal* de Franklin Roosevelt, que significava, entre outras coisas, o abandono do liberalismo tradicional e a implantação do intervencionismo do Estado. O novo papel assumido pelo Estado determinou, mais uma vez, o fortalecimento do Poder Executivo federal.

Nesse mesmo período foi iniciada a prática de intensa colaboração entre a União e os Estados, para a realização de certas tarefas, como a proteção aos desempregados. Mas, enquanto se falava em cooperação e em *federalismo cooperativo*, crescia a intervenção do Estado na vida social, sobretudo nas relações econômicas, ampliando-se por via indireta as competências federais, ficando condicionado a decisões federais o exercício de muitas das competências que continuavam a ser estaduais.

Uma boa análise desse período e do que ocorreu, então, como federalismo é feita por Bernard Schwartz em seu *Direito constitucional americano*. Observando os efeitos da atividade intervencionista reguladora exercida pelo Estado norte-americano, com a implantação do *New Deal*, diz Schwartz que, para o governo federal exercer, em âmbito nacional, a autoridade regulamentadora que as condições sociais requeriam, foi necessário abandonar o conceito de federalismo dualista. Assim como se substituiu a doutrina do *laissez-faire* por um intervencionismo inevitável em face das circunstâncias, assim também o federalismo dual precisou ser substituído por um federalismo cooperativo exigido para que os mais graves problemas econômicos e sociais pudessem ser enfrentados com eficiência.

A partir do ano de 1937 sucedem-se as decisões da Suprema Corte, reconhecendo a constitucionalidade dos atos praticados pelo governo federal visando a controlar as atividades econômicas, de modo a que se eliminassem as práticas comerciais prejudiciais aos interesses do povo, bem como o mau uso do poder econômico pelos proprietários e industriais, que, pelo excesso de exploração da pobreza, mantinham amplas áreas marginalizadas e impediam a recuperação do país. Essa ampliação dos poderes federais aconteceu, por exemplo, em relação ao trabalho de menores, à fixação de salário mínimo e ao estabelecimento do máximo de horas de trabalho por dia, tudo isso regulado por normas federais que claramente interferiam no exercício de muitas competências estaduais e que, apesar disso, a Suprema Corte julgou constitucionais.

Especificamente quanto à 10ª Emenda à Constituição, em vigor desde 1791, segundo a qual os poderes não delegados à União pela Constituição nem proibidos aos Estados devem ser considerados reservados aos Estados ou ao povo, a Suprema Corte declarou em 1941 que essa Emenda estabelecia um truísmo sem maior importância prática. O argumento da Corte era que a Constituição apenas registrara uma declaração de competências diferenciadas, feita pelos Estados e pela União, com o objetivo de impedir que esta procurasse exercer poderes não concedidos. Uma vez que não tivesse ocorrido a concessão de poderes, parecia supérfluo declarar que a União não os tinha recebido.

Na opinião de Bernard Schwartz essa decisão da Suprema Corte, na realidade, estabelecia um ponto essencial do federalismo dual, no momento em que eliminava o significado prático da rígida separação de áreas de competência.

Assim, por exemplo, como observa Schwartz,

> a velha doutrina de que o poder federal sobre o comércio não podia ser exercido sobre as transações locais, que estivessem dentro da área exclusiva da autoridade estadual, foi substituída pela ideia de um poder pleno do Governo nacional sobre o comércio.

Com a eclosão da Segunda Guerra Mundial foram ainda mais acentuadas as práticas intervencionistas do governo federal. A própria participação dos Estados Unidos na guerra, envolvendo no "esforço de guerra" a totalidade de suas energias, teve consequências profundas na vida interna e nas características permanentes do Estado norte-americano.

Como bem assinala Corwin, na referida *American Constitutional History*, desde o momento em que se estabeleceu o federalismo cooperativo estava implícita a fatalidade do crescimento do governo federal, em detrimento dos governos estaduais, pois numa relação de cooperação a parte mais forte leva vantagem. Mas, ao assumir a tarefa de manter a paz no mundo e de promover a segurança econômica para todo o seu povo, os Estados Unidos deram um passo avançado no sentido de fortalecimento do governo central, alterando substancialmente as características tradicionais do federalismo.

Esse é um *novo federalismo*, bem diferente daquele implantado no século XVIII e mantido, em suas linhas básicas, por mais de cento e cinquenta anos. Inúmeros autores norte-americanos reconhecem que ocorreu profunda mudança, havendo hoje clara predominância do governo federal sobre os estaduais. Assumindo a condição de potência militar de primeira grandeza e pretendendo agir como uma espécie de "polícia do mundo", os Estados Unidos necessitam de um governo federal forte, com indiscutível soberania para tomar decisões rápidas envolvendo a totalidade da vida de seu povo. Isso tem reflexo também na distribuição dos recursos públicos, pois o aumento extraordinário dos orçamentos militares, que são federais, só é possível com a redução da participação dos Estados na renda nacional. Paralelamente a isso, a expansão das iniciativas federais nos setores ligados à promoção do bem-estar, visando à atenuação da marginalização social e dos conflitos internos, tem o mesmo efeito orçamentário, enfraquecendo os Estados.

Um dado curioso e muito expressivo é que a implantação do novo federalismo ocorreu sem mudança formal na Constituição. Isso demonstra não só a flexibilidade dos mecanismos constitucionais norte-americanos, mas revela também o papel dinâmico e positivo da Suprema Corte, que através da reinterpretação dos dispositivos constitucionais tem permitido a constante atualização das regras básicas de convivência, sem necessidade do recurso a meios extralegais.

Desse modo se implantou um novo federalismo, mais centralizador do que o antigo e mais adequado às necessidades do Estado intervencionista exigido pelo século XX. Corwin reconhece tal mudança e considera que ela representou uma "revolução constitucional", que começou com a instauração do *New Deal* e acabou tendo como resultado um *Fair Deal*, o que significa, em linhas gerais, que se partiu da preocupação com um novo ajuste social e se chegou a um ajuste mais equitativo, mais adequado às novas realidades.

CAPÍTULO 9

Paradoxos e imperfeições da fórmula federativa

Ambiguidade do federalismo

A palavra federação é originária do latim e expressa, substancialmente, a ideia de *foedus*, aliança. Toda federação é uma espécie de aliança e o Estado Federal é uma aliança de Estados. Tudo parece muito simples. Entretanto, um exame pormenorizado dessa espécie de aliança de Estados e de suas implicações políticas e jurídicas mostra a existência de ambiguidades e conflitos, que fazem do Estado Federal um sistema em constante tensão, equilibrando fatores de convergência e também contradições.

Essa característica foi muito bem apreendida e exposta por Daniel J. Elazar, um dos mais eminentes estudiosos do federalismo contemporâneo. Em seu trabalho intitulado *The Role of Federalism in Political Integration*, escrito em 1979 e publicado pelo Jerusalem Institute for Federal Studies, a questão das ambiguidades do federalismo é enfocada com bastante precisão. Num capítulo especialmente dedicado ao assunto, Elazar aponta seis ambiguidades básicas, valendo a pena reproduzir a síntese de seu pensamento, acompanhando criticamente a exposição feita por ele sobre cada uma dessas ambiguidades.

1ª) Há muitas variedades de arranjos políticos aos quais o termo federal pode ser aplicado com propriedade. O federalismo tem sido utilizado, a partir do exemplo norte-americano, como alternativa para o Estado Unitário com um único centro de poder político. Entretanto, mantendo a característica básica, que é a multiplicidade de centros de poder, a prática tem inspirado os arranjos mais diversificados. Ilustrando suas afirmações, Elazar apresenta uma tabela apontando dezoito Estados cuja Constituição é federal mas que sempre incluem alguma peculiaridade, algum traço diferenciador, de tal modo que não há dois com a mesma organização. Assim é que aparecem Estados, cantões, províncias, semicantões, repúblicas, repúblicas autônomas, territórios, distritos federais, numa grande variedade de arranjos, embora todos se definam como Estados Federais. Essa diversificação é, na realidade, bastante acentuada, tendo sido lembrada de modo bem expressivo pelo autor belga Ludo Van Wauwe, que, num livro intitulado *Fédéralisme – utopie ou possibilité?*, observa que, se alguém pergunta: "Que é federalismo?", é frequente que ouça como resposta: "Mas de qual federalismo você está falando?".

Ao lado daquela primeira tabela Daniel Elazar apresenta outra, enumerando dezoito Estados que, embora não se definam como federais, apresentam arranjos claramente inspirados no federalismo. Verifica-se também aí uma grande variedade, tendo como ponto comum a existência de territórios ou regiões que gozam de certa autonomia, não sendo dependentes de um poder central nos moldes da tradicional relação hierárquica. Dessas variedades, a que vem ganhando maior expressão é a forma adotada pela Espanha e pela Itália, com um poder central governando diretamente uma parte do território, ao lado de unidades regionais que são dependentes do governo central para certos assuntos, mas que podem agir com autonomia em relação a outros. Muito expressiva dessa nova espécie de Estado é a obra do espanhol Juan Ferrando Badia, cujo título é justamente *El Estado Unitario, el Federal y el Estado Regional*. Basicamente, o autor pretende demonstrar que, ao lado da opção tradicional Estado Unitário (poder político centralizado) e Estado Federal (poder político descentralizado), existe agora uma terceira escolha, o Estado Regional, que não é apenas uma variante de qualquer das hipóteses anteriores e sim uma terceira espécie, qualitativamente diferente.

O fato é que existe uma variedade de arranjos possíveis, a partir da ideia de conjugar, no mesmo Estado, vários centros de poder político. E toda essa variedade pode ser adequadamente ligada ao princípio federativo, o que, de um lado, amplia as possibilidades de uso desse princípio, mas, de outro, torna vago seu verdadeiro sentido, prejudicando o tratamento teórico das peculiaridades do Estado Federal.

2ª) O federalismo objetiva a consecução e manutenção de ambas, a unidade e a diversidade. Como bem observa Elazar, quando se trata de discutir o federalismo, é um erro considerar unidade e diversidade como opostos. Na realidade, dependendo das circunstâncias históricas e políticas, a federalização significa a busca de um ou de outro desses objetivos. Basicamente a federação pretende a *unidade na diversidade*, procurando unir entidades heterogêneas em torno de um conjunto de regras comuns, dando-lhe certa homogeneidade. Mas, ao mesmo tempo, pretende que essa unidade preserve a diferenciação entre os elementos componentes da federação, respeitando a identidade cultural e política de cada um.

Para que se entenda claramente o sentido dessa ambiguidade, basta comparar o processo de criação do Estado Federal em duas situações bem distintas: nos Estados Unidos da América e no Brasil. Quando se promoveu a criação do Estado norte-americano, havia treze unidades independentes e soberanas, com suas características e seus interesses próprios. Através da federação surgiu a União que era expressão de uma unidade, representando a criação de um poder central com autoridade sobre as treze unidades, mas, ao mesmo tempo, preservando a individualidade de cada uma delas. Houve, aí, um movimento centralizador.

No Brasil ocorreu o inverso. Partiu-se da existência de uma unidade com poder centralizado e se distribuiu o poder político entre várias unidades, sem eliminar o poder central. Cada uma dessas unidades, que era apenas uma subdivisão administrativa chamada Província, recebeu uma parcela de poder político e a afirmação formal de sua individualidade, passando a denominar-se Estado. Aí o movimento foi descentralizador.

Como se vê, dependendo das circunstâncias, a ênfase maior, no momento da criação, está na centralização ou descentralização (que alguns teóricos modernos preferem chamar de desconcentração). E sempre está presente a preocupação de conseguir e manter a unidade sem eliminar a diversidade.

3ª) O federalismo envolve tanto a questão da estrutura quanto a do processo de governo. Na realidade, é comum entre os teóricos do Estado, europeus ou influenciados pelas concepções originárias da Europa, apontar a organização federativa como "forma de Estado", que exige um governo com determinadas peculiaridades. Entre os teóricos dos Estados Unidos da América não é de uso corrente a expressão *Estado*, que se formou sobretudo pela contribuição da dogmática alemã e teve seu sentido fundamental definido no século XIX. Na teoria norte-americana é preferida a expressão *Nação*, que muitas vezes aparece com o significado que os teóricos alemães dão a Estado, ou seja, a sociedade política dotada de autoridade superior e de personalidade jurídica.

De qualquer modo não é difícil de perceber a ambiguidade, consistente na conjugação de uma certa estrutura, com suas características e decorrências próprias, e de um determinado processo, que também apresenta particularidades marcantes. O que ocorre na prática é que estrutura e processo influem um sobre o outro, tornando o Estado Federal mais complexo do que o Unitário.

Quando se enfatiza a estrutura, fala-se num Estado com vários governos, diferenciados pela área em que atuam e pelos assuntos que lhes são entregues para decisão. Pode-se falar com propriedade que cada um dos governos que se conjugam num Estado Federal tem suas competências próprias, havendo algumas que são exclusivas de cada governo e outras que são exercidas em comum por mais de um governo. Sob esse ângulo o Estado Federal é concebido como um "Estado de Estados", com aparatos governamentais e administrativos próprios de cada componente, atuando nos limites de seus respectivos territórios, conjugados num aparato mais amplo, que atua no conjunto dos Estados federados, dando-se ao conjunto o nome de Estado Federal.

Do ponto de vista do federalismo como processo, há o reconhecimento de uma multiplicidade de governos, atuando conjugados e procurando ser harmônicos. Como lembra Daniel Elazar, é nessa perspectiva que os autores falam em "áreas", "níveis", "planos" ou "esferas" de governo, havendo uma esfera federal ou geral ao lado de outras estaduais ou locais.

Embora muitos pretendam que a diferença básica está em que o governo geral se ocupa dos assuntos do interesse de todos, ao passo que os governos locais são competentes para o que for do interesse predominante de suas respectivas unidades, nas Constituições dos Estados Federais e na prática do federalismo as coisas não se passam com tal simplicidade. Realmente, verifica-se que sempre existem assuntos que são tratados em comum por ambas as esferas de governo, configurando o que teoricamente se denomina de *competências concorrentes*. Mas além disso existe a circunstância de que é muito difícil, no mundo contemporâneo, uma atividade pública ter repercussão limitada ao espaço de uma unidade federada, complicando-se ainda mais quando se tem em conta que muitas matérias, que até certo momento apareciam como de interesse local, passaram depois a ter grande importância no âmbito geral. Basta tomar como exemplo o sistema de telecomunicações, que começou como assunto de interesse local e hoje é claramente de grande importância para todo o conjunto federativo, mesmo que se trate do serviço telefônico de uma pequena localidade.

No federalismo brasileiro há um complicador adicional, pois desde que instituído o Estado Federal, em 1891, foram estabelecidas três esferas de governo, a federal, a estadual e a municipal, sendo esta expressamente reconhecida como autônoma pela própria Constituição federal, da qual recebe diretamente suas competências. Por esse motivo, quando se fala no Brasil em "governo local", é preciso considerar cuidadosamente a expressão, pois geralmente ela é aplicada ao governo municipal e não ao estadual.

Quanto à questão da ambiguidade, ela é evidente, pois existe um inevitável entrelaçamento da estrutura com o processo, de tal modo que, embora para efeito de análise possa haver um estudo diferenciado de cada uma dessas perspectivas, uma influencia a outra. A estrutura federativa pressupõe pluralidade de governos e, portanto, a necessidade de arrumá-los e conjugá-los adequadamente. E o federalismo como processo depende da estrutura e muitas vezes determina que ela sofra mudanças fundamentais, pois os governos são dinâmicos e procuram o máximo de eficácia no desempenho de suas atribuições, sentindo, muitas vezes, a necessidade ou a tentação de romper as barreiras estruturais.

4ª) O federalismo é um fenômeno político e sociocultural. Aqui se coloca uma questão crucial: o federalismo é conveniente, possível ou até necessário quando se pretende unir no mesmo Estado unidades socioculturais diferenciadas, mas, ao mesmo tempo, é inviável quando essa diferenciação é por demais acentuada. Ao lado disso é preciso considerar que o Estado Federal tem um governo e promove o relacionamento entre governos dentro de suas fronteiras. Assim, pois, além das políticas específicas de cada um desses governos, existe o objetivo, essencialmente político, de manter a própria federação.

Nos últimos anos essa ambiguidade tem sido causa de conflitos, às vezes muito agudos, ao mesmo tempo em que a utilização da estrutura federativa tem servido para superar conflitos e conseguir a convivência harmônica, uma e outra coisa em Estados com grupos étnicos ou linguísticos muito diferenciados.

Registrando essas ocorrências e analisando seus efeitos sobre o federalismo, Elazar lembra o caso da Nigéria, que era, até há pouco, uma federação de três Estados e que se modificou para que passassem a existir dezenove Estados, visando ao objetivo político de dar um centro de poder a cada um dos principais grupos tribais.

Uma questão delicada, envolvendo a ambiguidade da busca de união política mantendo a diversidade sociocultural, é o controle do governo central. No relacionamento entre grupos culturalmente bem diferenciados sempre se procura criar a imagem de coordenação dos grupos, evitando-se a definição de uma relação hierárquica, de supremacia e subordinação. Nas relações de caráter político e constitucional também se busca o equilíbrio na equivalência.

Na prática política, entretanto, é quase impossível evitar que em determinadas circunstâncias – especialmente nos momentos de grave crise político-social ou quando é necessário tomar decisões que afetem os interesses fundamentais dos principais grupos étnicos ou culturais – surjam situações de conflito. Na realidade, pode-se dizer que tais conflitos estão sempre latentes, vindo à tona quando desaparece a possibilidade de mantê-los acobertados. É o que acontece, por exemplo, em muitos Estados Federais que são repúblicas presidenciais, no momento de escolher o Presidente da República e de compor seu ministério. Por mais que se procure ocultar o conflito, sempre existe disputa pelo governo central, cada unidade federada pretendendo ter a supremacia ou, pelo menos, uma posição política que lhe permita exercer grande influência nas decisões.

Visando à superação dessas dificuldades, muitos Estados Federais procuram dar grande ênfase aos "interesses nacionais" e reduzir o peso das características particulares e dos interesses específicos dos Estados federados ou dos grandes grupos étnicos e culturais. Por outro lado, muitos teóricos assinalam a possibilidade de preservação dos particularismos como uma das grandes vantagens da organização federativa. Não se pode ignorar também a inevitável influência da História e das tradições culturais para que se mantenha o que Leslie Lipson denominou "patriotismo local".

Tudo isso faz parte da ambiguidade objetivos políticos/ peculiaridades socioculturais, presente na teoria e na prática do federalismo. E tudo isso deve ser levado em conta na avaliação das possibilidades e limitações da organização federativa, não podendo ser esquecida a existência de fatores que a vontade política não pode ignorar ou eliminar.

5ª) O federalismo implica ambos, meios e fins. Na teoria e na prática política encontram-se os que vislumbram na organização federativa o meio mais adequado para a consecução de certos fins. Como bem observa Elazar, há quem busque através do federalismo a unificação política, a democracia, a acomodação de diversidades ou qualquer outro objetivo de ordem geral. Como exemplos de tais propósitos podem-se lembrar as referências a uma possível Federação Afro-Luso-Brasileira, que uniria todos os povos de língua portuguesa, ou então a tentativa de criação da Federação dos Estados Árabes ou ainda a fracassada Federação do Mali, que representaria a união das antigas colônias francesas na África Negra.

Há uma diferença considerável entre os que acreditam no federalismo como caminho mais propício para a consecução de certos fins, sem entretanto pretenderem a implantação artificial e irrealista de uma organização federativa, e aqueles que concebem o federalismo como instrumento dócil, que pode ser posto a serviço de um fim determinado em *qualquer* circunstância. Entre estes últimos é que se encontram os promotores de experiências fracassadas de federalismo.

Por outro lado, como assinala Daniel Elazar, há os que veem no federalismo um fim em si mesmo, por acreditarem que a espécie de relacionamento implícita na prática federativa é o ponto mais alto a que podem atingir as relações humanas numa sociedade política. Essa crença nas virtudes do federalismo como suprassumo da harmonia política pode ser ligada à concepção extremada do ser humano como ser social – o "animal político" de Aristóteles. Unidos numa organização federativa, os seres humanos atenderiam à necessidade de convivência, harmonizando características individuais, vontades, aptidões, preferências e interesses, estabelecendo uma solidariedade permanente. Nessa espécie de convivência a pessoa humana completaria sua integração social e realizaria sua individualidade.

Embora pareça um absurdo lógico, o fato é que o federalismo pode conjugar, simultaneamente, as condições de meio e de fim. Na prática, dependendo das circunstâncias, pode-se enfatizar uma ou outra dessas condições em determinados momentos, mas as duas possibilidades estarão sempre presentes.

6ª) O federalismo tem objetivos limitados e amplos. Essa ambiguidade do federalismo está relacionada muito estreitamente com a anteriormente analisada, mas pode ser considerada à parte, por certas particularidades. É o próprio Elazar quem reconhece isso, demonstrando, entretanto, que se pode, por assim dizer, penetrar em cada polo daquelas ambiguidades, para perceber que paralelamente a elas há toda uma gama de concepções.

Examinando as posições dos que concebem o federalismo como fim, encontramos os que veem a política, em seu sentido mais amplo, como a síntese e substância da interação humana, e o federalismo como a síntese e substância da política, sendo assim o objetivo de maior amplitude. Alguns consideram o federalismo como um dos fins que a humanidade deve buscar, ao lado de outros fins que também devem ser considerados ao serem estabelecidas as condições e regras de convivência.

Assim também entre os que concebem o federalismo como simples meio há diferenças consideráveis. Para uns, ele é o meio mais importante para a consecução de um fim determinado. Para outros, é meio que pode conduzir a muitos objetivos relevantes, havendo ainda os que, embora lhe dando muita importância, entendem que o federalismo é um meio que deve ser conjugado a outros, na busca de fins amplos ou limitados.

Essa variedade de pontos de vista sempre tem algum embasamento lógico e é exatamente aí que reside a ambiguidade. E de cada uma das posições referidas decorrem consequências teóricas que influem sobre a prática do federalismo. Pode-se, talvez, concluir que é justamente essa variedade de concepções que tem levado à existência de grande diversidade entre os sistemas que são ou podem ser classificados como federativos. O mais provável, porém, é que suceda o contrário, ou seja, o federalismo contém em si mesmo tamanha flexibilidade e tão variadas possibilidades práticas, que pode ser visto corretamente a partir de muitos ângulos e pode ser um meio eficaz para a consecução de muitos fins.

Comunidades marginais da aliança federativa

A fórmula federativa permitiu a aliança permanente, com finalidades abrangentes de toda a vida política, de grupos sociais numerosos, diferenciados pelos interesses e mesmo por características culturais. Isso representou um avanço no século XVIII, quando as treze colônias inglesas da América, conquistando a independência, precisavam unir suas forças para impedir a recolonização, mas temiam que a submissão a um só governo central forte significasse a criação de um absolutismo doméstico.

A longa duração da federação norte-americana, com a mesma Constituição estabelecida no século XVIII, é um argumento forte a favor da excelência do sistema. Entretanto, à luz da própria experiência dos Estados Unidos da América e tendo em conta a situação de outras federações contemporâneas, Ivo Duchacek, eminente estudioso do federalismo, aponta aspectos negativos da fórmula federativa, dando grande ênfase a essa crítica em seu livro *Comparative Federalism; the territorial dimension of Politics*.

A primeira observação restritiva de Duchacek é que, ao ser estabelecida a federação norte-americana, a fórmula original reconheceu a identidade e autonomia de treze comunidades territoriais e forneceu um esquema para soluções possíveis dos conflitos de interesse. Entretanto, não criou, ou provavelmente não pôde criar, um mecanismo que pudesse resolver os conflitos mais fundamentais entre as duas comunidades regionais, a do Sul e a do Norte. Na opinião de Duchacek, a real diferenciação não estava nos limites de cada antiga colônia e sim entre as duas áreas mais amplas, Sul e Norte, que eram bem diversas quanto ao sistema econômico, aos interesses e aos modos de vida. Tudo foi feito como se essa diferenciação, que era real e profunda, não existisse.

Não é difícil, na realidade, reconhecer que havia divergências muito acentuadas entre as comunidades sulista e nortista, como, aliás, foi comprovado pela eclosão da Guerra de Secessão em 1860, pouco mais de setenta anos após a criação do Estado Federal. E acontecimentos recentes como a luta pela integração racial desencadeada na década de 1960, com o Sul mais resistente à legislação integracionista, mostram que ainda persistem diferenças fundamentais, assistindo razão a Duchacek quando afirma que para a solução daquele conflito básico não foi previsto qualquer mecanismo. Por outro lado, porém, a própria história da federação norte-americana mostra que, provavelmente por não terem sido criados Estados que contivessem no seu interior aquela diferenciação, Estados que fossem meio nortistas, meio sulistas, bem como pela autonomia assegurada a cada um para definir seu próprio modo de vida, o federalismo deu condição para o bom funcionamento do Estado norte-americano.

Outra crítica é que as federações reconhecem algumas comunidades territoriais ou étnicas e lhes dão autonomia, mas negam esse tratamento a grande número de grupos nitidamente diferenciados pela etnia, pela cultura ou pelos interesses fundamentais, que existem dentro de suas fronteiras. O próprio Duchacek aponta a existência de tais comunidades dentro dos Estados Unidos, afirmando que há uma identidade característica do Meio-Oeste, do Nordeste, do Sul, do Litoral Leste, como há também de negros e de latino-americanos. É significativo que Duchacek não mencione os grupos indígenas, que já eram claramente diferenciados quando da criação da Federação norte-americana e que foram completamente ignorados, sobrevivendo hoje como marginais do sistema.

O que se pode observar quanto a esse ponto é que tanto nos Estados Unidos quanto no Brasil, no Canadá, na Índia e praticamente em todas as demais federações, prevaleceu um critério jurídico-formal no estabelecimento da estrutura. O Estado Federal foi criado como uma aliança de Estados, e por esse motivo a preocupação maior dos organizadores tem sido a definição dos limites territoriais dos Estados-membros e o reconhecimento da identidade de cada uma das unidades assim diferenciadas.

Muitas vezes a delimitação dos Estados-membros foi absolutamente artificial, feita sob influência de interesses privados ou mesmo de conveniências administrativas, sem levar em conta os fatores étnicos ou culturais. Assim é que podem ser vistos, com muita frequência, Estados-membros que são vizinhos e que poderiam tranquilamente compor uma só unidade federativa. Além do artificialismo dessa divisão, ela é também responsável pela existência de Estados-membros inviáveis, economicamente fracos e permanentemente dependentes de auxílio federal para o atendimento das necessidades básicas de sua população.

Essa questão foi investigada com muita argúcia e profundidade por Paulo Bonavides, um dos mais eminentes estudiosos do federalismo no Brasil. Em várias obras, como, por exemplo, em seu recente livro *Política e Constituição*, Bonavides vem sustentando a ideia de um "Federalismo de regiões", que a seu ver seria muito mais adequado do que um federalismo de Estados. A esse respeito pode-se dizer que são inegavelmente muito sérios os argumentos de teóricos como Duchacek e Bonavides, mas, ao longo do tempo, é preciso também não ignorar que a longa duração de uma divisão territorial gera uma tradição histórica, não sendo fácil conseguir a eliminação de um Estado-membro, mesmo por meio de fusão com um vizinho culturalmente semelhante. Adverte Leslie Lipson que até mesmo o longo hábito de fidelidade a um governo, que seria, no caso, o governo estadual, é um fator de resistência, mas ao lado desses há muitos outros, entre os quais os de maior peso talvez sejam a existência de uma "elite política" estadual e os grandes interesses econômicos que agem conjugados com os governos dos Estados-membros.

A par dos problemas já referidos deve ser também lembrada a questão das menores unidades de governo, as municipalidades, que ficaram em plano secundário na organização federativa. Embora sendo o nível ou a esfera que mais corresponde a uma formação natural e que mais oferece a possibilidade de realização da democracia, os Municípios não conseguem viver com autonomia. Em algumas Constituições, como a do México e a do Brasil, é formalmente definida a natureza política das unidades municipais, com a afirmação de que deve ser assegurada sua autonomia. Entretanto, na atribuição das competências e na distribuição das rendas públicas, os Municípios sempre recebem muito pouco e, por isso, vivem em situação de constante dependência, ficando assim anulada a autonomia política formal.

Tendo realizado uma pesquisa sobre o governo local (aqui entendido como municipal) no México, Lawrence S. Graham publicou excelente trabalho, intitulado *Mexican State Government* (Austin, Universidade do Texas, 1971), conseguindo sintetizar o que existe em quase todas as federações, embora em algumas a autonomia dos Municípios seja maior ou sua dependência seja menos evidente. Conforme a observação de Graham, o sucesso do governo local na obtenção de serviços para sua comunidade depende, em grande medida, de sua habilidade em funcionar como apêndice do governo estadual. O povo tem a possibilidade de eleger governantes da oposição para o Município, mas as penalidades impostas pela perda de apoio estadual e federal são tão graves que a eleição de oposicionistas só acontece raramente, por exceção. Esclarece ainda Lawrence Graham que, embora a intervenção direta e formal dos outros governos no Município não costume ocorrer no presente, ela acontece na prática e acarreta dependência política, exatamente como nos sistemas não federativos.

É interessante notar que nos Estados cuja Constituição enfatiza a autonomia municipal esta praticamente não existe. Ao contrário disso, o governo local é mais livre para agir nos Estados Unidos da América, embora a Constituição não mencione as comunidades locais como entidades políticas. Estas realizam muitos serviços, gozando de ampla liberdade para estabelecer suas prioridades, mas suas competências não decorrem de previsão constitucional e sim de ajustes realizados na prática. Para a realização dos serviços é possível receber ajuda do governo estadual, e isso acontece com frequência, especialmente sob a forma de assistência técnica.

Quanto ao problema financeiro, Otto Eckstein, em seu livro *Public Finance*, observa que tanto nos Estados Unidos quanto no Canadá não existe um sistema claramente definido em lei para garantia de recursos aos governos locais. Estes exercem algum poder tributário, maior ou menor dependendo das possibilidades locais, havendo, a par disso, a prática da concessão de auxílios federais condicionados.

O que se pode concluir é que, apesar de ser maior a influência do povo nas decisões do governo local, o que assegura o caráter mais democrático do governo, o Município não tem posição proeminente na organização do Estado Federal. Isso pode ser tomado com imperfeição da fórmula federativa, especialmente se considerarmos que a comunidade local sempre tem peculiaridades culturais, que se refletem na fixação de suas prioridades. Assim sendo, quanto maior a autonomia efetiva das municipalidades, maior será a possibilidade de existência de uma sociedade de pessoas plenamente realizadas.

Analisando as mencionadas imperfeições do federalismo, pode-se concluir que, em grande parte, sobretudo quanto às comunidades não territoriais, a solução não está na fórmula federativa mas na organização de toda a sociedade.

Com efeito, se houver a efetiva garantia de expansão da personalidade dos indivíduos e de preservação da identidade cultural dos grupos sociais diferenciados, estes não precisam definir-se como unidades políticas.

Já no tocante às comunidades territoriais, que se incumbem da prestação de grande número de serviços públicos, é preciso, efetivamente, que ocorram ajustes nas organizações federativas. Com efeito, a observação atenta dos comportamentos e das aspirações dos povos mostra que existe um desejo intenso e generalizado de ampliação e garantia da autonomia das comunidades locais. Isso poderá ser conseguido reservando-se a estas um conjunto de competências significativo e bem definido, apoiado em rendas próprias suficientes.

CAPÍTULO 10

O federalismo e os Estados europeus

Adesões ao federalismo por Estados europeus

A implantação do modelo de Estado Federal quando da criação dos Estados Unidos da América, em 1787, reunindo numa só unidade político-jurídica muitos Estados, teve grande repercussão, não apenas porque a organização federativa do Estado fosse uma inovação, mas, precisamente, por se tratar de uma opção que, sob diferentes aspectos, já estava presente em vários Estados europeus: a reunião de vários Estados para ações conjuntas, em caráter amplo e permanente.

Na realidade, poderosos Estados europeus haviam feito, de alguma forma, opção por uma variante de organização política, reunindo diferentes etnias e culturas e com interesses diversificados, o que acarretava uma visão positiva da opção americana por um modelo de federalismo. Por outro lado, entretanto, Estados europeus que tinham como um de seus fundamentos uma forma de governo consistente num poder central forte e unificado, garantia da superioridade de uma camada social mais poderosa, tinham e têm forte resistência ao federalismo.

Façamos, em primeiro lugar, um apanhado dos poderosos Estados europeus que adotaram alguma forma de organização política similar a uma federação ou declaradamente federativa, mas com algumas características básicas decorrentes de sua história e de suas peculiaridades culturais. É o que passamos a expor, dedicando especial atenção aos Estados Federais da Alemanha, Suíça e Rússia.

ALEMANHA

A origem mais remota do federalismo alemão foi a instituição do Segundo Império Alemão, pelo chanceler Bismarck, em 1871. Pouco antes, em 1867, havia sido criada a Confederação da Alemanha do Norte. Por iniciativa de Bismarck, os Länders do Sul também se integraram à mesma unidade, fazendo parte da Confederação.

A integração de toda a Alemanha num Estado Federal enfrentou séria dificuldade, em decorrência de divergências políticas estabelecidas no contexto da Segunda Guerra Mundial. No final da guerra, em 1945, uma parte da Alemanha estava ligada às potências ocidentais, enquanto outra parte era controlada pela União Soviética, que, impondo o seu modelo político, determinou a criação de um novo Estado, abolindo os Estados do território sob seu controle e criando aí um Estado unitário, que foi denominado República Democrática Alemã. Surgiram, assim, duas

Alemanhas e foi nesse contexto que se reuniu o Conselho Parlamentar de Bonn, reunindo representantes dos Estados da Alemanha ocidental, que aprovou, em 23 de maio de 1949, a Constituição da República Federal da Alemanha. Pela pretensão e esperança de integração da outra parte da Alemanha numa só unidade política, evitou-se a denominação "Constituição", que deveria resultar da integração da totalidade dos Estados alemães, optando-se pela designação de Lei Fundamental de Bonn.

A existência de duas Alemanhas perdurou até 1989. Em 9 de novembro de 1989, num confronto político extremado após a derrocada da União Soviética, iniciou-se o processo de reintegração de toda a Alemanha. Em agosto de 1990 realizou-se em Berlim uma reunião, com a presença de representantes das duas Alemanhas e foi então celebrado um Tratado de Reunificação. Pela República Democrática Alemã assinaram o tratado, além do representante do Parlamento, um representante de cada um dos antigos Estados daquela região. Aprovou-se, então, o tratado, pelo qual a República Democrática Alemã decidia sua autoabolição e foi iniciado, a partir daí, o procedimento de reintegração dos antigos Estados da Alemanha oriental na República Federal da Alemanha, que foi plenamente restaurada.

Nos termos do artigo 20 da Constituição, "a República Federal da Alemanha é um Estado democrático e social", dispondo ainda que todos os alemães têm o direito de resistir a qualquer tentativa de mudar essa ordem. A organização federativa significou um avanço muito importante, pois realizou a efetiva integração de 16 territórios em que se falava a língua alemã, os Länders, numa só unidade político-jurídica, contribuindo para a influência e o prestígio do Estado alemão na ordem internacional.

SUÍÇA

A Suíça é um Estado que congrega hoje 26 Estados denominados cantões, havendo quatro regiões linguísticas, onde são falados o alemão, o italiano, o francês e o romanche. Segundo registros históricos, até o século XIII os cantões eram independentes, falavam diferentes idiomas e mantinham bom relacionamento recíproco, tendo sido muito raros e de pouca intensidade os confrontos entre dois cantões. O registro mais antigo da reunião dos cantões é de 1291, quando foi composta uma confederação denominada Confederação Helvética, reunindo Uri, Schwys, Unterwalden, Lucerna, Zurique e Berna. O nome "helvética", segundo estudiosos e pesquisadores, deriva de "helvécios", denominação de antiga tribo celta que habitava naquela região. Como se verifica, a idéia de uma federação de Estados é muito antiga, sendo bem anterior a 1787, quando foram criados os Estados Unidos da América.

No ano de 1798 houve uma invasão francesa na região helvética, invasão que foi repelida mas estimulou uma união maior e permanente dos cantões, para assegurar sua independência. Em decorrência disso, em 1848 foi formalizada a criação de um Estado, que se denominou Confederação Suíça, reunindo 22 cantões. Essa Constituição foi reformada em 1874. Muito provavelmente, a adoção de uma Constituição Federal, confirmando e aperfeiçoando a reunião federativa de Estados, foi influenciada pela Constituição dos Estados Unidos da América, de 1787.

Finalmente, em 18 de abril de 1999 foi aprovada uma emenda à Constituição, já integrando os atuais 26 cantões. Nos termos do artigo 1º, "o povo suíço e os cantões de Zurich... (segue-se a enumeração dos 26 cantões participantes) formam a Confederação suíça". E pelo artigo 4º foi tornado expresso que as línguas nacionais são o alemão, o francês, o italiano e o romanche. Segue-se a enumeração dos direitos fundamentais garantidos pela Constituição, assim como a especificação da organização tripartida dos poderes federais e das competências dos cantões e das comunas.

RÚSSIA

A adoção da organização federativa do Estado pela Rússia foi estabelecida no final do século XX, pondo fim à União Soviética, nome dado a um Estado fortemente centralizado, implantado formalmente em 1924.

No ano de 1918, numa assembleia denominada Congresso Pan-Russo dos Soviets foi aprovada uma Lei Fundamental da República Socialista Federativa dos Soviets da Rússia (a palavra "soviet" tem o sentido de "conselho" e foi usada para se referir aos agrupamentos políticos socialistas). O artigo 2º dessa Lei Fundamental tinha a seguinte redação: "A República russa dos Soviets é fundada no princípio da livre união das nações livres e constitui uma federação das repúblicas nacionais soviéticas". Mas logo em seguida, antes que fosse posta em vigor essa lei, os bolcheviques dispersaram a assembleia, que tinha sido eleita pelo povo. Impuseram, então, uma Constituição, que foi publicada em 1918 e substituída por outra, publicada em 1924, fundando a União das Repúblicas Socialistas Soviéticas, ou simplesmente União Soviética, substituindo o antigo Império Russo. Essa Constituição sofreu emendas em 1936, mas foi mantida a União Soviética.

Terminada a Segunda Guerra Mundial, em 1945, a União Soviética manteve-se poderosa, tendo grande influência na Europa oriental. Mas a partir da década de 1960 o Partido Comunista soviético, que detinha o poder político absoluto, vai perdendo sua autoridade e profundas mudanças começaram a ocorrer. Em 1977 foi feita uma emenda constitucional, procurando o ajustamento à nova situação, mas mantendo ainda a União Soviética, apesar de muitas resistências. Instala-se, pouco depois, um confronto entre o Poder Executivo e o Legislativo soviéticos, havendo muita dificuldade para manter a unidade de comando. Valendo-se disso, em 1991, as Repúblicas que, além da Rússia, integravam a União Soviética declararam sua independência. A partir de então passou-se a procurar uma fórmula que mantivesse ligadas as catorze repúblicas que antes integravam a União Soviética.

Finalmente, em 1993, foi aprovada a Constituição da Federação da Rússia, confirmada por *referendum* de 12 de dezembro de 1993. Dispõe o artigo 1º, inciso 1, da Constituição que "a Federação da Rússia – a Rússia, é um Estado de direito democrático e federal, tendo uma forma republicana do governo. E o inciso 2 esclarece que a denominação "Federação da Rússia" e "Rússia" são equivalentes. E assim foi implantado mais um Estado Federal na Europa.

Evidentemente, a organização do Estado Federal nos Estados europeus leva em conta as heranças históricas e as peculiaridades específicas de cada um. Assim, também, a aplicação das normas e dos princípios federativos deverá considerar as circunstâncias específicas de cada um, mas, na essência, o que se tem em todos eles é a organização federativa, com decorrências políticas e jurídicas inerentes a esse tipo de organização do Estado.

Resistências ao federalismo em alguns Estados europeus: os casos da Bélgica, Espanha e França

Em alguns Estados europeus, em que há diversidade cultural e divergências históricas entre regiões e etnias, a questão do federalismo – adoção ou não – tem suscitado muitas controvérsias, alinhando-se argumentos favoráveis e contrários. Os Estados em que têm sido mais frequentes esses questionamentos são a Bélgica, a Espanha e a França. Para conhecimento mais pormenorizado dessas controvérsias e para avaliação dos argumentos utilizados com maior ênfase e mais frequência, vamos fazer em seguida a exposição dessas querelas, expondo, separadamente, a argumentação mais enfaticamente utilizada nos Estados em que a questão do federalismo tem sido objeto de maior questionamento, que são a Bélgica, a Espanha e a França.

BÉLGICA

O federalismo é possível ou conveniente na Bélgica? Para uma reflexão apoiada na realidade, é fundamental ter em conta algumas peculiaridades do Estado belga, que passam a ser expostas. A Bélgica tem duas etnias que são majoritárias na população do Estado e vivem em regiões autônomas, com peculiaridades culturais, inclusive o idioma falado em cada uma delas, bem diferenciadas. Essas entidades autônomas são a Valonia, onde vivem os Valões, e a Flandres, habitada pelos Flamengos. No seu conjunto, essas etnias ocupam a quase totalidade do território do Estado belga, ao lado de uma terceira região, que é a de Bruxelas. Existe, ainda, uma pequena minoria muçulmana, remanescente de invasões sofridas pela Bélgica, mas sem influência nas decisões nacionais.

Aquelas duas etnias majoritárias são igualmente muito ativas nas atividades sociais, culturais e econômicas da Bélgica e são claramente diferenciadas do ponto de vista cultural, inclusive quanto aos costumes tradicionais e aos idiomas, e em muitas oportunidades têm manifestado sua divergência em relação a orientações e decisões do Estado belga, quando entendem que foram injustiçadas ou que a outra etnia componente do Estado belga foi mais favorecida.

Ludo Van Wauwe, historiador, cientista político e jurista, lembra que a ideia de uma unidade federativa já existe há muito tempo na Bélgica, tendo havido mesmo, por influência da criação dos Estados Unidos da América, uma proposta de adoção do federalismo. Com efeito, em 1790 foi proposta a constituição dos Estados Belgas Unidos, sob inspiração federalista, que não obteve aprovação. O Estado belga permaneceu unitário, tendo sido aprovada, no ano de 1830, uma Constituição adotando uma Monarquia parlamentar, com uma casa reinante hereditária e um governo chefiado por um Primeiro Ministro aprovado pelo Parlamento. Depois disso foram poucas as mudanças constitucionais, permanecendo, essencialmente, a mesma organização unitária do Estado, com descentralização administrativa. E uma lei de 1963 tornou oficiais três idiomas na Bélgica: o francês, o holandês e o alemão, sendo este falado por uma minoria, remanescente de invasões ocorridas durante as guerras em que houve a invasão da Bélgica.

Existem na Bélgica, atualmente, correntes políticas favoráveis à adoção do federalismo, tanto entre os líderes valões quanto entre os flamengos mas, em sentido oposto, existem fortes resistências. Há uma resistência, sobretudo de lideranças do poder central belga, que teme o federalismo, por duas razões fundamentais. Uma delas é o temor de redução do poder político do governo nacional belga, com a afirmação constitucional das autonomias da Flandres e da Valonia, que lhes daria maior possibilidade de influir sobre as políticas da Bélgica. A par disso, e esse é o principal motivo da resistência ao federalismo, existe o temor de que a adoção do federalismo, com o fortalecimento das unidades federadas, dê a estas maior possibilidade de se tornarem independentes, desligando-se do Estado belga e constituindo Estados soberanos.

Em seu magnífico trabalho teórico-prático de análise do Estado belga, Ludo Van Wauwe, apresenta uma síntese das divergências, transmitindo as opiniões de alguns dos mais eminentes líderes belgas, das diferentes etnias, sobre a questão do federalismo. Além de recuperar o percurso histórico, assinala o autor que atualmente a Flandres, que é majoritária quanto ao número de pessoas, tem duas posições divergentes. Uma corrente é favorável ao federalismo, mas existe outra que prefere a manutenção do unitarismo, porque sendo maioria na população a Flandres tem maior representação no governo central e assim exerce mais influência. A conclusão do autor é que existem, para as comunidades que integram a Bélgica, razões favoráveis e contrárias ao federalismo, havendo benefícios e problemas que decorreriam de sua adoção. Mas o argumento mais veemente contra a adoção do federalismo é o temor de que isso estimule e facilite as pretensões separatistas. Entretanto, apesar dessa e de outras restrições, permanece aberta a discussão sobre a implantação do federalismo na Bélgica. Daí Van Wauwe ter dado à sua obra um nome que, sem sugerir apoio ou recusa ao federalismo, é uma interrogação: "Fédéralisme: utopie ou possibilité?"

ESPANHA

O Estado europeu em que a questão do federalismo tem suscitado os mais intensos debates é a Espanha. Um dado importante, do qual decorre a maior intensidade das divergências, é que na Espanha foi criado e tem intensa atuação um movimento separatista na Província da Catalunha, pretendendo que a Catalunha deixe de integrar a Espanha e constitua um novo Estado, soberano e independente. Uma questão que deve ser aqui suscitada é se uma proposta de federalização do Estado espanhol, ou seja, a implantação do federalismo na Espanha, seria um impulso para o separatismo ou se, ao contrário disso, esvaziaria os movimentos separatistas, porque haveria maior e mais significativa descentralização dos poderes, com maior independência para as regiões que aspiram a isso.

A Constituição da Espanha, de 1978, não adotou formalmente o federalismo mas instituiu uma organização político-jurídica bastante descentralizada, buscando satisfazer as aspirações de maior autonomia de várias regiões. Visando a satisfação dessas aspirações e harmonizar os interesses regionais, a Constituição estabeleceu, no artigo 137: "O Estado se organiza territorialmente em municípios, em províncias e em Comunidades Autônomas que se constituam. Todas essas entidades gozam de autonomia para a gestão de seus respectivos interesses". No artigo 141 foi adicionado um elemento importante, dispondo sobre a existência de províncias, nos seguintes termos: "A província é uma entidade local com personalidade jurídica própria, determinada pelo agrupamento de municípios e divisão territorial para o cumprimento das atividades do Estado". E no inciso 2 desse artigo foi estabelecido que "o governo e a administração autônoma das províncias serão confiados a Deputados ou outras corporações de caráter representativo".

Comentando esses e outros dispositivos constitucionais, o prestigioso jornalista espanhol Álvaro Sánchez Castrillo, em substancioso artigo (publicado no *Courrier International*, n. 146, de 21 de dezembro de 2017), significativamente intitulado "O pugilato do federalismo", faz uma importante observação, confrontando esses dispositivos constitucionais com as aspirações federalistas: "Os que pensam que o federalismo é o meio ideal de eliminar definitivamente as tensões são cada vez mais numerosos". E acrescenta, com clareza e objetividade: "Alguns especialistas afirmam mesmo que, considerando o alto nível de descentralização, nosso país já é um Estado Federal, mesmo não sendo expressamente reconhecido como tal".

Apesar da forte descentralização político-administrativa, os anseios por plena soberania permaneceram vivos em certas regiões e foram alimentados por lideranças políticas, especialmente na Catalunha, comunidade autônoma que agrupa quatro províncias: Barcelona, Gerona, Lérida e Tarragona. Foi criado na Catalunha um partido pela independência, propondo, mais do que o federalismo, a separação da Espanha e transformação da Catalunha num Estado independente e soberano. Com base nessa aspiração foi apresentada uma proposta ao governo da Catalunha para a realização de um *referendum*, a fim de que o povo catalão decidisse se queria continuar a fazer parte da Espanha ou preferia a independência. Essa proposta foi rejeitada pelo governo e as organizações políticas independentistas promoveram uma consulta ao povo, em 1º de outubro de 2017, com esse objetivo. Essa consulta foi declarada ilegal pelo governo catalão. A questão foi levada aos tribunais, que confirmaram a declaração de ilegalidade da consulta. Um dado de fundamental importância, que é oportuno assinalar aqui, é que a Constituição espanhola, em seu artigo 145, inciso 1, diz expressamente: "Em nenhum caso se admitirá a federação de Comunidades Autônomas. Fica em aberto uma indagação: se em lugar de consulta sobre a independência da Catalunha fosse feita uma consulta sobre a adoção do federalismo pelo Estado espanhol, abrangendo, inclusive, as comunidades autônomas, isso não poderia levar a uma conciliação, pondo em segundo plano as aspirações à independência? É bem provável que o federalismo seja o caminho para a pacificação política da Espanha.

FRANÇA

Outro Estado europeu em que a questão do federalismo tem sido objeto de estudos e discussões, mas neste caso sem uma proposta de aplicação, é a França. Em termos históricos, a questão do federalismo foi objeto de considerações, suscitando resistência, durante a Revolução Francesa, no século dezoito. A Revolução Americana, que levou à criação dos Estados Unidos da América e à aprovação da Constituição de 1787, instituindo o Estado Federal, teve influência na França. Entretanto, as lideranças francesas que se inspiraram no exemplo estadunidense para o estabelecimento de um sistema de governo com o poder centralizado, comandado pela burguesia, não admitiam a existência de governos regionais autônomos.

Um fato histórico, muito significativo, deixa evidente a rejeição do federalismo pelas lideranças políticas francesas do século XVIII. Uma jovem militante, Olímpia de Gouges, que frequentava as reuniões sociais que se realizavam na residência de Condorcet, tinha por hábito a redação de cartazes para afixação nos muros de Paris, contendo mensagens em favor dos direitos das pessoas marginalizadas ou de camadas inferiores. Em abril de 1793 ela escreveu e mandou afixar um cartaz denominado "as três urnas" em que propunha que fosse realizada uma consulta popular sobre a forma de governo, para substituição do absolutismo então governante. Segundo sua proposta, seriam colocadas três urnas para que os cidadãos depositassem numa delas o seu voto, manifestando sua preferência. As opções aventadas por ela eram "monarquia, governo federal e governo republicano uno e indivisível".

Por essa iniciativa ela foi presa e condenada à morte na guilhotina, pois desde 29 de março daquele ano estava em vigor uma lei estabelecendo que seria aplicada a pena de morte para quem propusesse um sistema político que não fosse um Estado uno e indivisível. Presa e submetida a julgamento, ela foi condenada à morte na guilhotina e na decisão condenatória ficou constando, expressamente, a proposta de federalismo como um dos fundamentos para a decisão. Depois disso foram muito raras na França as referências à possível adoção do federalismo

Cabe observar que a França já teve várias Constituições e em nenhum momento da história francesa foi suscitada a hipótese de adoção do federalismo pelo Estado francês. Bem ao contrário disso, sempre houve preocupação com a concentração do poder político num governo central forte. A atual Constituição francesa, de 1958, composta por títulos que identificam os temas de cada parte, contém um Título

XII denominado "Das coletividades territoriais", que se inicia com o artigo 72, assim redigido: "As coletividades territoriais da República são as comunas, os departamentos, as regiões, as coletividades com estatuto particular e as coletividades de ultramar".

As coletividades de ultramar têm disciplina própria, sendo muito oportuno assinalar aqui que numa delas, a Nova Caledônia, surgiu um movimento reivindicando a separação do Estado francês. Em nenhuma oportunidade foi aventada a hipótese de federalização. E assim, em decorrência das insistentes reivindicações de separação para não ser sujeita ao domínio do Estado francês, o governo da França decidiu que em novembro de 2018 será realizado um plebiscito na Nova Caledônia, para que o povo daquela coletividade decida se quer permanecer como parte do Estado francês ou se prefere tornar-se um Estado independente. E em nenhum documento ou manifestação apareceu qualquer referência à adoção do federalismo para dar maior autonomia à Nova Caledônia, como também não foi lembrada essa hipótese para a solução de qualquer outra situação de reivindicação de autonomia.

Em conclusão, por tudo o que foi exposto, verifica-se que o federalismo foi acolhido por alguns Estados europeus e, em sentido oposto, tem sido objeto de resistência, às vezes clara e expressamente manifestada.

CAPÍTULO 11

Estado Federal: democracia ou aliança de oligarquias?

A organização federativa do Estado é incompatível com a ditadura. Isso tem ficado muito evidente através da História, não havendo exemplo de convivência de ambas. Onde havia federalismo e se instalou uma ditadura ocorreu a concentração do poder político. E mesmo que mantida formalmente a federação, a realidade passou a ser um Estado Unitário, com governo centralizado. São exemplos disso a Alemanha com a ascensão de Hitler, o Brasil com a ditadura Vargas e a Argentina de Perón. Federalismo e ditadura são incompatíveis.

A partir desse dado, quase todos os teóricos que trataram do federalismo concluíram que ele é garantia de democracia. Entre os mais modernos teóricos do Estado Federal há inúmeros defensores dessa conclusão, procurando demonstrar que existe uma correlação necessária entre federalismo e democracia, chegando à conclusão de que basta adotar a forma federativa de organização do Estado para que se estabeleça a garantia de que a sociedade será democrática. Essa é uma questão de grande relevância, sendo importante conhecer a linha de argumentação em que se apoia tal conclusão, para se poder avaliar o real alcance político do federalismo.

Entre os autores que defendem com maior veemência esse ponto de vista, procurando demonstrar seu rigor lógico, está Daniel Elazar. A esse respeito é especialmente significativo seu trabalho *The Role of Federalism in Political Integration*, já anteriormente referido.

Para construir sua argumentação, Elazar começa por esclarecer que existe uma diferença essencial entre não centralização e descentralização. A seu ver tem sido usada sem adequação e com graves consequências a expressão descentralização, para configurar o que se dá com a adoção do federalismo. A principal objeção ao uso desse termo é que, em sua opinião, ele implica o reconhecimento de um poder central, que estabelece um sistema ramificado para a *execução* de decisões, mantendo, entretanto, a hegemonia do poder central na *tomada* de decisões.

Para Daniel Elazar é fundamental a peculiaridade de que no sistema federativo não existe hierarquia. Desse ponto decorre, necessariamente, a consequência de que não se pode falar num "centro" de poder, que seria o ponto de convergência de um sistema descentralizado. Para muitos teóricos do federalismo é esse ponto, justamente, que sintetiza o que se poderia chamar de *princípio federativo*: há uma pluralidade de poderes sem que qualquer deles seja superior aos demais.

Desse modo, se mesmo o poder federal não é superior mas deve ceder ao poder estadual quando se tratar de matéria de competência dos Estados, fica afastada a hipótese de predomínio antidemocrático de um grupo ou de uma pessoa.

Descentralizar ou desconcentrar

Uma análise mais aprofundada do assunto mostra que a questão não pode ser colocada com tanta simplicidade. Antes de tudo, convém esclarecer a questão da linguagem, que pode, na realidade, ser a origem de graves equívocos. A expressão *descentralizar* tem sido utilizada com bastante frequência para mencionar a distribuição de encargos, a delegação da incumbência de executar determinadas tarefas, cumprindo as determinações ou agindo dentro das normas emanadas de um comando central. Essa delegação pode ser feita com a concessão de maior ou menor nível de autonomia para o delegado, o executante. Mas pressupõe sempre o comando superior, estabelecendo, efetivamente, uma relação hierárquica.

Entretanto, em seu sentido preciso o termo descentralizar significa apenas tirar do centro, ficando na dependência do uso ou de uma convenção entre os teóricos a fixação de um sentido técnico preciso e exclusivo. Na linguagem jurídica já têm largo uso as expressões *descentralização política* e *descentralização administrativa*. Esta última é usada para referir a delegação a órgãos ou agentes inferiores e subordinados, mantendo a relação hierárquica. A descentralização política tem sido caracterizada como aquela em que se dá a multiplicação de comandos, em que existe uma pluralidade de centros de poder, sem relação hierárquica, que é justamente o caso do Estado Federal. É uma forma bastante satisfatória de estabelecer a distinção entre as duas situações, não deixando dúvidas.

Nos últimos anos surgiu entre os especialistas em Administração e já ingressou também na Ciência Política a utilização das expressões *desconcentração* e *descentralização*, para estabelecer, justamente, a distinção entre a disseminação de centros de poder e a mera delegação de funções executórias. Essas expressões vêm sendo amplamente utilizadas, como se representassem uma descoberta, uma contribuição moderna para revelar uma diferença que os antigos não haviam percebido. Trata-se, na realidade, de uma forma nova de dizer coisas que já foram ditas há muito tempo, não trazendo contribuição substancial. Em todo caso, o uso das palavras desconcentração e descentralização pode ser útil para a distinção das situações, embora tenha o inconveniente, pelo menos por enquanto, de não se tratar de expressões consagradas, livres de equívocos.

Em síntese, a questão não está nos vocábulos, ou na forma de distinguir as hipóteses, e sim noutro ponto fundamental: a afirmação de que no Estado Federal os diferentes centros de poder político não estão hierarquizados. O poder federal não é superior ao estadual e este não é superior àquele. O que diferencia o uso de um ou de outro é, basicamente, a atribuição de competências diferentes. Cada um é superior para tratar dos assuntos de sua competência e não há entre eles hierarquia ou subordinação.

Momentos de superioridade federal

A regra da inexistência de hierarquia, geralmente aceita pelos teóricos do federalismo, não é, entretanto, absoluta.

Tanto na prática quanto na teoria tem havido o reconhecimento de que, em determinadas circunstâncias, prevalece o poder federal. Isso ficou mais frequente nos últimos anos, sobretudo depois da Segunda Guerra Mundial e especialmente por influência dos objetivos de segurança externa e de desenvolvimento econômico.

Muitas vezes já se admitiu, inclusive na jurisprudência da Suprema Corte dos Estados Unidos, que, nas hipóteses de competência concorrente ou naquelas em que as normas constitucionais não dão elementos para a afirmação indubitável da competência, deve prevalecer o poder da União.

Nas Constituições mais recentes a supremacia do poder federal vem sendo estabelecida de modo indireto. Embora mantendo formalmente a equivalência entre os poderes da União e dos Estados-membros, faz-se de tal modo a fixação e distribuição das competências que resulta clara e incontornável a superioridade do poder federal. Um exemplo bem expressivo dessa prática é a Constituição do Brasil. Em primeiro lugar, a enumeração das competências federais é tão ampla que abrange praticamente tudo o que é essencial em termos de direitos e deveres fundamentais, em relação à economia e às finanças, bem como sobre a organização e ação políticas. A par disso, a União tem também a competência para fixar regras gerais sobre muitas das matérias que figuram entre as competências estaduais. Desse modo, sem dizer que a União é superior e mesmo afirmando expressamente que os Estados e Municípios são autônomos, a Constituição assegura a supremacia do poder federal.

Tendo em vista situações como essa, alguns teóricos já começam a admitir a hipótese de federações desequilibradas, que seriam aquelas em que, mesmo sem estabelecer formalmente uma relação hierárquica, é estabelecida a superioridade da União.

Outra hipótese de clara prevalência do poder federal sobre os estaduais é a de intervenção federal nos Estados. Na teoria do federalismo não há objeções a essa possibilidade de interferência da União, desde que seja para preservar a própria federação, exigindo-se que as Constituições fixem com bastante clareza e limitem o quanto possível as hipóteses de intervenção. Além disso, é preciso ter em conta que na estrutura do Estado Federal sempre se estabelecem mecanismos de participação permanente dos Estados no governo da União, o que significa que o poder estadual também está presente na decisão de intervir. Mas ainda que se levem em conta esses argumentos, o fato é que o direito de intervenção nos Estados dá superioridade ao governo da União, abrindo um caminho para práticas antifederativas, como já tem ocorrido muitas vezes.

Esses momentos de superioridade federal, ainda que considerados inevitáveis ou até necessários, precisam ser reconhecidos e considerados cuidadosamente pelos teóricos, para que que a teoria acompanhe a prática e possa fornecer-lhe diretrizes para melhor orientação.

Supremacia através dos partidos

Como o Estado Federal implica a existência de centros autônomos de poder político, fica também implícito que nas democracias o povo deverá escolher os governantes federais e os estaduais, além das hipóteses em que escolhe também os municipais.

Tal circunstância acarreta muitas consequências, afetando o próprio federalismo, podendo mesmo alterar seriamente o funcionamento do mecanismo federativo.

Existem situações extremas, como a do México, em que um só partido tem o predomínio completo no plano federal e também em todos os Estados-membros. Nesse caso não se pode falar propriamente em federalismo, apesar de se manter em vigor uma Constituição que consagra a fórmula federativa. O poder é um só, o do partido, e os governantes legalmente reconhecidos como tais gozam apenas de certa autonomia, sendo mais ampla a do governo federal.

Há porém outras situações em que o sistema de partidos influi sobre o caráter do federalismo praticado. Tem-se, por exemplo, a hipótese de um partido muito forte, que predomina no âmbito federal, praticamente sem a possibilidade de ser substituído por outro. É o que acontece na Índia. Nesse caso a vinculação partidária garante o predomínio do governo federal sobre os estaduais naqueles Estados-membros dominados pelo mesmo partido que governa a União. Aí também se pode falar na existência de uma hierarquia de fato, embora formalmente a Constituição garanta a autonomia dos poderes estaduais.

A situação menos extremada, mas também sujeita a distorções quanto ao federalismo, é a dos Estados em que ocorre, com frequência, a alternância no poder, tanto no plano federal quanto nos estaduais. Quando o governo da União e o de um Estado-membro estão nas mãos de integrantes do mesmo partido, é inevitável o predomínio do federal sobre o estadual, ainda que se permita a este exercer alguma influência na política geral. O que se verifica na prática é que a natureza das atribuições geralmente entregues à União cria nas pessoas, inclusive nos líderes políticos e nos próprios governantes, a impressão de que as tarefas do governo federal são mais importantes. Até mesmo o fato de exercer autoridade num âmbito territorial mais amplo, que abrange também o território de cada Estado-membro, contribui para fortalecer essa impressão.

Em consequência, acaba sendo estabelecida, também nessa hipótese, uma hierarquia de fato, embora nesse caso fique plenamente resguardada, e efetivamente ocorra, a reconquista da autonomia pela simples mudança de um dos governos.

Democracia ou aliança de oligarquias

A organização federativa pode ser a garantia de um sistema democrático, na medida em que cria a necessidade de uma pluralidade de centros de poder político. Mas essa pluralidade pode ser apenas formal, não mais do que uma aparência, como já foi lembrado pela consideração de várias hipóteses.

Mas o risco maior, porque cria a ilusão de democracia e se apoia rigorosamente nos princípios e na mecânica do federalismo, é a *aliança de oligarquias*.

É perfeitamente possível que um grupo de Estados se una através da aliança típica do Estado Federal, aceitando a autoridade de um governo federal, competente para o desempenho de tarefas de interesse comum. Nessa federação haverá equilíbrio de poderes, ficando efetivamente assegurada a autonomia estadual, através da reserva de amplas competências para os Estados-membros e da garantia de não interferência do governo federal. Aí está um quadro perfeito do federalismo, estando afastada a hipótese de um governo ditatorial.

Mas se penetrarmos no interior de cada Estado-membro poderemos encontrar em muitos deles o predomínio de uma sólida oligarquia, oposta à democracia. Não é raro que isso aconteça, havendo casos em que é mais evidente a existência do grupo oligárquico e outros em que o respeito às formalidades características de uma democracia oculta a realidade.

O Brasil é exemplo muito expressivo dessa hipótese, pois em grande número de Estados-membros existem famílias ou grupos de famílias que exercem férrea dominação política, econômica e social. Nesses Estados-membros são cumpridas as formalidades democráticas, realizam-se eleições com sufrágio universal e voto secreto, mas tudo se passa debaixo da vigilância e do controle firme dos oligarcas, de tal modo que as manifestações oposicionistas atingem apenas aspectos exteriores e não afetam o poder de comando.

A existência dessas oligarquias estaduais é responsável pelo baixo nível econômico da maior parte da população desses Estados-membros, assim como pelas deficiências intelectuais, pelo nível elevado de analfabetismo, pelas precárias condições sanitárias e, obviamente, pela ausência de renovação das lideranças políticas. Os governantes e os detentores do poder econômico são sempre membros das mesmas famílias ou são pessoas que, por algum motivo, dependem delas e não podem contrariar seus interesses.

Essas oligarquias são, evidentemente, antidemocráticas e impermeáveis à modernização, pois a manutenção da pobreza e da ignorância do povo é indispensável para a preservação de seu comando. Por esse motivo, toda ajuda recebida do governo federal ou mesmo do exterior se torna inútil para a melhoria das condições de vida do povo, pois os recursos são utilizados da maneira mais conveniente para os oligarcas, o que significa uma destinação que favoreça economicamente os membros da oligarquia e que não crie o risco de alteração do quadro político-social. Não é raro mesmo que a ajuda econômica destinada a esses Estados-membros seja utilizada pelos oligarcas para simulação de sua generosidade como fim de consolidar o predomínio, conquistando a gratidão dos dominados.

É importante assinalar que, nessa hipótese, *o federalismo favorece o predomínio das oligarquias*. Com efeito, ficando plenamente resguardada ampla autonomia para os governos estaduais, estes é que decidem sobre as prioridades, bem como sobre a destinação e o modo de aplicação dos recursos. E, ironicamente, são os próprios oligarcas que fazem o controle da aplicação.

De modo muito menos grave, mas, em última análise, semelhante em substância, é o que acontece nos Estados Unidos, como o atestam por vias indiretas os dados sobre os principais partidos políticos. Assim, por exemplo, no livro *Politics and Voters*, de Hugh A. Bone e Austin Ranney, existe um capítulo bastante esclarecedor sobre os sistemas partidários nos Estados.

Como demonstram e concluem esses autores, cerca de metade dos Estados norte-americanos tem, praticamente, um sistema unipartidário. A porcentagem de alternância no poder, entre os grandes partidos, é extremamente baixa em grande número de Estados. Existem muitos distritos em que nem há disputa entre os partidos, havendo outros nos quais determinado partido tem assegurada, permanentemente, ampla maioria de votos, sem qualquer possibilidade de vitória de outra agremiação partidária.

É evidente que no caso norte-americano não se verifica de modo tão claro a ação antidemocrática das oligarquias, como ocorre, por exemplo, em Estados brasileiros – praticamente todos os do Norte, Nordeste, Mato Grosso, Santa Catarina ou Minas Gerais. As oligarquias dos Estados Unidos fazem mais concessões à aparência de um jogo político democrático, além do que as circunstâncias gerais do país não facilitam a utilização da miséria ou do analfabetismo para fins eleitorais. Mas, apesar da sofisticação dos métodos, existe o fato inegável de que em grande número de Estados, podendo-se mesmo dizer que em amplas regiões compreendendo vários Estados, existe sólido e prolongado predomínio de um determinado partido. Os dirigentes estaduais desse partido é que são os oligarcas, e o que resta para o povo é a prática das formalidades democráticas.

Isso não quer dizer que o federalismo seja inconveniente para a democracia ou, menos ainda, que sirva apenas para acobertar oligarquias. Na realidade a fórmula federativa pode ser um instrumento importante na construção e manutenção de um sistema democrático. Só o fato de ser incompatível com a ditadura já recomenda o federalismo.

É preciso, isto sim, que os defensores do federalismo não acreditem demais em suas virtudes e não pensem que a simples adoção da estrutura federativa é suficiente para que haja democracia. Com a consciência de que existem riscos que são inerentes ao federalismo, e que ele pode ser não mais do que uma aliança de oligarquias, é preciso pensar em complementos do sistema e mecanismos de controle que assegurem o caráter democrático de toda a federação e de cada unidade federada.

CAPÍTULO 12

Conclusão

Tudo o que foi aqui exposto pode levar à conclusão de que a noção de federalismo será sempre inevitavelmente fluida, vaga, imprecisa e, por isso mesmo, de pouca utilidade teórica e prática. Na realidade, encontra-se entre os teóricos do federalismo intensa discussão a respeito do que seja o *princípio federativo*, que deveria ser o ponto de partida ou o núcleo básico para se julgar se determinado Estado é ou não federal, ou para avaliar se uma particularidade de organização ou funcionamento é ou não compatível com o federalismo. Assim, em consequência, não há conceituação uniforme do que seja Estado Federal.

Não há dúvida de que uma concepção unívoca, sem ambiguidades e com seu conteúdo e seus contornos claramente estabelecidos, facilitaria o trabalho dos teóricos. Mas o que não se pode perder de vista é que o federalismo é fenômeno político-social, vale dizer humano, não sujeito a certezas matemáticas ou a delimitações puramente racionais e previsíveis. É absurdo, por ser contrário à natureza humana, pretender que a teoria condicione totalmente a prática. Os parâmetros teóricos são úteis mas é preciso ter sempre em vista que o ser humano é inteligente e extremamente criativo, o que deve levar ao reconhecimento de que nenhuma verdade teórica relativa a comportamentos humanos pode ser definitiva, imutável e exclusiva.

Por todos esses motivos pode-se concluir que existe a possibilidade de uma teorização do federalismo e que, apesar da variedade de concepções, a discussão teórica do tema é de grande utilidade, tanto para a compreensão dos fenômenos quanto para a identificação de pontos comuns e de relações entre certas práticas e determinadas consequências. Para o político bem informado, consciente e responsável, essa discussão teórica, justamente por sua riqueza, poderá dar contribuição considerável à tomada de decisões políticas.

CAPÍTULO 13

Vocabulário crítico

AUTONOMIA: direito e poder de autogovernar-se, fixando suas prioridades e desempenhando suas competências com meios próprios. No Estado Federal os Estados-membros decidem com autonomia sobre os assuntos de sua competência, o que significa que eles não são dependentes do governo federal mas apenas da Constituição Federal.

COMPETÊNCIAS: conjunto das atribuições legalmente conferidas a um órgão unipessoal ou coletivo. Através das competências são definidos os direitos e as obrigações de cada órgão.

CONFEDERAÇÃO: aliança de Estados baseada num tratado, com objetivos amplos e gerais e na qual cada integrante preserva sua soberania.

CONSTITUIÇÃO: do ponto de vista técnico-jurídico é a lei fundamental de um Estado. Em sentido mais abrangente a Constituição pode ser definida como "a declaração da vontade política de um povo, feita de modo solene por meio de uma lei que é superior a todas as outras e que, visando à proteção e à promoção da dignidade humana, estabelece os direitos e as responsabilidades fundamentais dos indivíduos, dos grupos sociais, do povo e do governo".

ESTADO: organização de pessoas com território e governo próprios, visando à consecução de objetivos individuais e coletivos e dotada de personalidade jurídica e soberania.

ESTADO-MEMBRO: designação que geralmente se dá à entidade política autônoma aliada a outras da mesma natureza para formação de um Estado Federal. No Brasil a federação foi instituída quando já existia o Estado brasileiro. Em 15 de novembro de 1989, ao ser extinta a Monarquia e proclamada a República, foi implantado um governo provisório, que nessa mesma data publicou o Decreto n. 1, cujo artigo 2º dispunha textualmente: "As províncias do Brasil, reunidas pelos laços da Federação, ficam constituindo os Estados Unidos do Brasil". E no dia 24 de fevereiro de 1891 foi promulgada uma nova Constituição, cujo artigo 2º tem a seguinte redação: "Cada uma das antigas províncias formará um Estado...". E tudo se passou, do ponto de vista formal, como se as antigas províncias, que eram divisões administrativas, tivessem proclamado sua independência e no mesmo ato celebrado uma aliança para constituir o Estado Federal brasileiro. Em algumas federações o Estado-membro é ainda designado como Província.

FEDERAÇÃO: aliança indissolúvel de Estados, baseada numa Constituição e dando nascimento a um novo Estado, assegurando-se a autonomia dos integrantes, quanto a determinadas matérias. É indispensável que o Estado-membro, integrante da federação, tenha um conjunto significativo de competências próprias e exclusivas e possa desempenhá-las com seus próprios meios.

SECESSÃO: separação de uma parte do Estado Federal para constituir um Estado independente. Em princípio o federalismo exige aliança indissolúvel e por isso não admite secessão. A chamada Guerra de Secessão, que ocorreu nos Estados Unidos em meados do século XIX, foi uma tentativa de separação de alguns Estados, impedida pela União através de luta armada.

TRATADO: acordo celebrado entre dois ou mais Estados para colaboração na realização de tarefas específicas e determinadas ou para a adoção de certas providências ou atitudes de interesse comum. Os Estados que celebram um tratado preservam sua soberania e podem declará-lo rescindido ou revogado, dando-se o nome de denúncia à comunicação da intenção de sair do tratado.

UNIÃO: é o resultado da aliança de Estados numa federação. Dá-se o nome de União ao conjunto federativo e o "governo da União" ou "governo federal" é o governo desse conjunto.

CAPÍTULO 14

Bibliografia comentada

Teoria geral do federalismo

📄 BADIA, Juan Ferrando. *El Estado Unitario, el Federal y el Estado Regional*. Madrid, Tecnos, 1978.

Exposição e análise das características e dos fundamentos teóricos do Estado Unitário e do Estado Federal. O Autor inova na teoria, acrescentando uma terceira espécie, o Estado Regional, estudado a partir das experiências de regionalização em curso na Espanha e na Itália.

📄 BARACHO, José Alfredo de Oliveira. *Teoria geral do federalismo*. Belo Horizonte, FUMARC/UFMG, 1982.

Obra rica em informações sobre as questões básicas do federalismo na teoria e na prática.

📰 BERGER, Gaston et alii. *Le Fédéralisme*. Paris, PUF, 1964.

Estudos de aspectos filosóficos, políticos e sociais ligados à ideia de federalismo e à sua aplicação, realizados por um grupo de prestigiosos teóricos franceses. Há excelente edição espanhola dessa obra (Madrid, Tecnos, 1965), contendo ainda dois importantes ensaios sobre a integração política europeia e sobre o federalismo espanhol, a partir de Pi y Margall.

📰 COLAS, Dominique. *Les Constitutions de URSS et de La Russie*. Paris, Presses Universitaires de France, 1997.

Com objetividade, a autora faz uma síntese da história constitucional da Rússia, destacando as diferentes etapas. Na conclusão dessa recuperação da história constitucional, fala que, por *referendum* em 12 de dezembro de 1993, foi aprovada a Constituição da Federação da Rússia. E transcreve disposições do preâmbulo, que assim dispõem: "Nós, povo multinacional da Federação da Rússia, adotamos a Constituição da Federação da Rússia". Na sequência, a autora transcreve o texto integral da Constituição, cujo art. 1º estabelece, expressamente, que "a Rússia é um Estado de direito democrático e federal". E assim registra como e quando foi introduzido formalmente, por via constitucional, o federalismo na Rússia.

📰 DALLARI, Dalmo de Abreu. *Elementos de Teoria Geral do Estado*, 33. ed. São Paulo, Saraiva, 2016.

Este livro foi inspirado na crença de que o conhecimento é o caminho para a sabedoria, fonte de justiça. Os dados teóricos constantes deste livro continuam inteiramente válidos para a busca do conhecimento do Estado, como também continua íntegra a crença de que esse conhecimento deverá ser útil para a construção de uma nova sociedade, voltada para a realização do bem comum, fundada na solidariedade e comprometida com o respeito pela dignidade de todos os seres humanos.

DALLARI, Dalmo de Abreu. *Os Direitos da Mulher e da Cidadã por Olímpia de Gouges.* São Paulo, Saraiva, 2016.

O tema fundamental deste trabalho, a "Declaração dos Direitos da Mulher e da Cidadã", texto escrito por Olímpia de Gouges e publicado na França em 1791, é complementado por informações sobre a trajetória de Olímpia de Gouges, como ativista política, as circunstâncias pessoais, sociais e políticas em que viveu, atuou e produziu esse notável documento. Para tanto, esta obra faz o acompanhamento sucinto dessa história, tendo como pano de Fundo a Revolução Francesa e os seus desdobramentos.

Essa publicação de Olímpia contrariou muito os membros da Assembleia. Depois disso, no ano de 1793 ela mandou imprimir e afixar nos muros de Paris uma proposta no sentido de que o povo fosse convocado para opinar sobre a forma de um novo governo para a França. Essa proposta foi identificada como "das três urnas", porque ela sugeria que fossem colocadas três urnas, uma para receber os votos dos que fossem favoráveis ao estabelecimento do Federalismo na França, outra para os que preferissem um governo republicano centralizado e uma terceira para os que fossem favoráveis à manutenção do absolutismo então vigente. Tal proposta causou profunda indignação entre os governantes, que se diziam representantes do povo e que reagiram mandando instaurar um processo contra Olímpia, qualificada como inimiga do povo. O resultado foi sua condenação à morte na guilhotina, o que se concretizou em 3 de Novembro de 1793.

> DUCHACEK, Ivo D. *Comparative Federalism*; the territorial dimension of Politics. New York, Holt, Rinehart and Winston, 1970.

Como está indicado no subtítulo, o Autor estuda o federalismo sobretudo como forma de distribuição territorial do poder. Mas, além disso, Duchacek procura fixar os pontos básicos do federalismo e indicar suas deficiências, tomando por base a totalidade da experiência federalista no mundo.

> EARLE, Valerie et alii. *Federalism*. Itasca, F. E. Peacock, 1968.

Coletânea de ensaios analisando a experiência federativa nos Estados Unidos e em vários outros países, bem como na América Latina em geral. Na parte final há dois ensaios sobre o futuro do federalismo.

> ELAZAR, Daniel J. *The Role of Federalism in Political Integration*. Jerusalem, Jerusalem Institute for Federal Studies, 1979.

Estudo sobre o papel do federalismo na integração política dos grupos sociais diferenciados e na garantia da democracia.

> FINER, S.E., BOGDANOR, Vernon, RUDDEN, Bernard. *Comparing Constitutions*. New York, Oxford University Press, 1995.

Reunindo estudos de especialistas em Direito Comparado e de Cientistas Políticos, essa obra contém indicações e análises de Constituições, a saber: dos Estados Unidos, da Alemanha e da Rússia, todas adotando uma variante do federalismo criado a partir da Constituição dos Estados Unidos da América, de 1787. Além disso, foi acrescentado um estudo da Constituição francesa, assinalando que a Declaração dos Direitos do Homem e do Cidadão, de 1789, contém ponderações que podem ser interpretadas como os fundamentos de uma organização política desprovida de um poder central absoluto, como no federalismo.

- HAMILTON, Alexander; MADISON, James; JAY, John. *O federalista*. Brasília, Universidade Federal de Brasília, 1984.

Obra clássica que reúne artigos dos autores e publicados nos anos de 1787 e 1788 nos Estados Unidos, durante a campanha desenvolvida para obter a ratificação da Constituição desse país. Esta edição brasileira contém excelente estudo introdutório de Benjamin Fletcher Wright.

- TRIGUEIRO, Oswaldo. *Direito Constitucional Estadual.* Rio de Janeiro, Forense, 1980.

Partindo de uma exposição sintética dos antecedentes históricos brasileiros, discorrendo em seguida sobre as Capitanias, as Províncias e os Estados, o autor reporta-se às origens históricas, concluindo com a adoção formal do federalismo no Brasil. E a partir daí faz uma análise, precisa e muito esclarecedora, do que passou a existir como Constitucionalismo Estadual. Sua obra é uma valiosa contribuição ao estudo do constitucionalismo sob a perspectiva do Constitucionalismo Estadual, que não tem sido lembrado nas obras sobre federalismo.

📖 VAN WAUWE, Ludo. *Federalisme – Utopie ou Possibilité?*. Paris, Librairie Generale de Droit et Jurisprudence, 1971.

Esta obra é, na realidade, bastante original, pois o autor, que é belga, faz o estudo do que ele próprio identifica como tentativas históricas de adoção da solução federativa para a consolidação da unidade e da harmonia entre os componentes da entidade política unificada que é a Bélgica. O autor relembra que desde 1845 os Flamengos e os Walões estão procurando uma forma institucional para consolidação harmônica de suas diferenças e divergências, tendo sido várias vezes lembrada a hipótese de uma solução federativa.

📖 WHEARE, K. C. *Federal Government*. New York, Galaxy Book, 1964.

Uma das obras mais completas sobre as características básicas do federalismo e suas aplicações no mundo contemporâneo.

📖 ZIMMERMAN, Augusto. *Teoria Geral do Federalismo Democrático*. Rio de Janeiro, Lumen Juris, 1999.

Com riqueza de dados históricos e em linguagem clara e objetiva, o autor ressalta os elementos formadores e os tipos organizacionais do federalismo, bem como os postulados democráticos implícitos na Constituição federativa.

📖 VÁRIOS AUTORES. *Federalism in a Changing World – Learning from Each Other,* Edição da International Conference on Federalism, Suíça, Saint Gallen, 2002.

Esta obra, muito rica em informações e comentários precisos, reúne trabalhos que foram apresentados na Conferência Internacional sobre Federalismo, realizada em 2002, em Saint Gallen, na Suíça. Nesses trabalhos é ressaltada a importância do federalismo num mundo em transformação, que busca a boa convivência apesar das diferenças.

O federalismo nos Estados Unidos da América

📄 CORWIN, Edward. S. *American Constitutional History*. New York, Harper & Row, 1964.

Coletânea de ensaios daquele que é reconhecido como um dos maiores constitucionalistas norte-americanos e que faleceu há poucos anos. Entre os temas tratados nesse livro há importantes referências à passagem do federalismo dual para o cooperativo.

📄 _____. & PELTASON, Jack W. *Understanding the Constitution*. New York, Holt, Rinehart and Winston, 1964.

Breve comentário da Constituição dos Estados Unidos e de suas Emendas, elaborado pelo professor Peltason a partir das lições do professor Edward Corwin, falecido em 1963 e geralmente reconhecido como uma das maiores autoridades no assunto.

📄 SCHWARTZ, Bernard. *Direito constitucional americano*. Rio de Janeiro, Forense, 1966.

Exposição sistemática, bem ordenada e precisa de todo o sistema constitucional norte-americano. Além de importantes referências históricas, esse livro contém uma parte muito bem desenvolvida em que se estudam as questões mais polêmicas do moderno constitucionalismo nos Estados Unidos.

📄 _____. *El federalismo norteamericano actual*. Madrid, Civitas, 1984.

Este volume contém a transcrição de uma série de conferências proferidas em Madrid pelo professor Schwartz, abordando aspectos fundamentais do federalismo nos Estados Unidos, enfatizando as posições da Suprema Corte sobre a questão.

> TOCQUEVILLE, Alexis de. *A democracia na América*. 2. ed. São Paulo, EDUSP/Itatiaia, 1977.

Nessa obra, considerada clássica, estão registradas as observações e impressões de um nobre francês, então com a idade de 26 anos, sobre a viagem que fez aos Estados Unidos em 1831. Procurando fazer uma avaliação justa, Tocqueville aponta as características principais do sistema político inventado pelos norte-americanos e indica o que lhe parecia positivo ou negativo, referindo-se especificamente à organização federativa.

Estudos sobre federalismo no Brasil

No Brasil os estudos sobre federalismo já mereceram certa atenção, tendo passado para plano secundário a partir da década de 1930, por influência óbvia das condições políticas. Depois de 1946 surgiram poucos trabalhos que fossem além dos aspectos técnico-jurídicos. Entre as obras mais recentes, que marcam uma retomada do estudo do tema, serão de grande ajuda, entre outras, as seguintes:

> BARROSO, Luis Roberto. *Direito constitucional brasileiro: o problema da Federação*. Rio de Janeiro, Forense, 1982.

Apresenta uma visão moderna dos problemas relacionados com a organização federativa. Embora dando ênfase maior ao federalismo brasileiro, o Autor faz uma apreciação crítica de caráter geral, relacionando o tema central com as exigências políticas e sociais contemporâneas.

- BONAVIDES, Paulo. A teoria do federalismo regional. In: _____. *Política e Constituição*. Rio de Janeiro, Forense, 1985.

Estudo da teoria do federalismo de Regiões como alternativa para o federalismo de Estados, com ênfase para a experiência brasileira.

- DALLARI, Dalmo de Abreu. Novos polos administrativos afetando a federação brasileira. In: *As tendências do Direito Público*. Rio de Janeiro, Forense, 1976.

Coletânea de ensaios em homenagem ao professor Afonso Arinos.

- MELO, Osvaldo Ferreira de. *Tendências do federalismo no Brasil*. Florianópolis, Lunardelli, s.d.

Trata-se de estudo sucinto, mas bem elaborado e interessante pelos problemas levantados.

- SARAIVA, Paulo Lopo. *Federalismo regional*. São Paulo, Saraiva, 1982.

Pequeno estudo apresentado como dissertação de mestrado na PUC de São Paulo. Sua leitura será útil pela visão moderna do problema.

- TORRES, João Camilo de Oliveira. *A formação do federalismo no Brasil*. São Paulo, Nacional, 1961.

História do federalismo no Brasil, com a descrição de fatos e situações que influíram na instauração e evolução do Estado Federal brasileiro.

Periódicos

Entre os periódicos brasileiros que têm publicado trabalhos sobre questões ligadas ao federalismo podem-se destacar *Revista Brasileira de Estudos Políticos*, publicação tradicional e de grande prestígio da Universidade Federal de Minas Gerais; *Revista de Direito Público*, da Editora Saraiva, de São Paulo, e *Revista de Informação Legislativa*, publicada pelo Senado brasileiro.

Nos Estados Unidos é muito grande o número de periódicos que incluem matérias sobre federalismo, mas pode ser recomendada, de modo especial, a revista *Publius*, que, tendo como subtítulo "The journal of federalism", é publicada pela Templ University, Filadélfia, e se dedica exclusivamente ao tema.